connaissance
D'UNE ŒUVRE

Chrétien de Troyes

# PERCEVAL OU LE CONTE DU GRAAL

**Micheline de COMBARIEU**
MAÎTRE DE CONFÉRENCE
À L'UNIVERSITÉ DE PROVENCE

Bréal éditions
1, rue de Rome - 93561 Rosny Cedex

ISBN 2 7495 0198 9

# AVANT-PROPOS

Le *Conte du Graal* est le dernier roman écrit par Chrétien de Troyes. Il l'a laissé inachevé, sans doute devancé par la mort. Les copistes des manuscrits, ont, eux, utilisé le titre de *Perceval.* On a ainsi les deux perspectives d'écriture – et de lecture – de l'œuvre. C'est un récit biographique qui suit les aventures du héros depuis sa jeunesse jusqu'à ce qui devrait être l'épanouissement de sa maturité ; mais l'interruption de l'écriture en suspend avant terme la narration. C'est un récit au centre duquel est placé un objet énigmatique, un *graal*, contemplé puis perdu de vue, et non retrouvé là où l'écriture s'en est interrompue. Dans la première de ces perspectives, *Perceval* est le premier roman de formation de la littérature française. On sait quel développement connaîtra ce genre dans la littérature européenne, à la fin du XVIII^e^ siècle et au XIX^e^. Dans la seconde, le *Conte du Graal* est le texte-matrice à partir duquel le *graal* de Chrétien, devenu le *Graal* puis le *Saint Graal*, appelé à être inlassablement quêté en littérature, déchiffré en merveille comme en théologie, deviendra un objet mythique.

Comme les autres romans de Chrétien, et comme toute la littérature narrative de son temps, le *Conte du Graal* est écrit en vers. Les couplets d'octosyllabes à rimes plates sont faits pour être lus à haute voix : le petit nombre de personnes maîtrisant la lecture rend ce mode de diffusion nécessaire. Cependant, dès le début du XIII^e^ siècle, le roman commence d'être écrit en prose, et c'est un autre rapport à la littérature qui naîtra alors.

Nous avons utilisé deux ouvrages de référence :

– Une édition bilingue : *Le Conte du Graal*, éd. et trad. par C. Méla, Paris, Livre de Poche, coll. « Lettres Gothiques », 1990.

– Une traduction : Chrétien de Troyes, *Perceval ou le Roman du Graal*, trad. J.-P. Foucher et A. Ortais, Paris, Gallimard, coll. « Folio classique », 1974.

Les œuvres médiévales nous ont été transmises par des manuscrits qui, le plus souvent, en contiennent plusieurs. Il n'y a jamais deux manuscrits identiques : par inadvertance ou par intervention consciente, les copistes modifient l'exemplaire-source à partir duquel ils travaillent. Ces modifications sont plus ou moins importantes : un mot ou une expression non compris sera reformulé ; un épisode pourra être supprimé ou ajouté ; il y aura des variantes d'ordre linguistique selon la région d'origine du scribe, etc. Il n'y a donc pas un état unique de tel ou tel texte médiéval, mais plusieurs états comportant des variantes.

La traduction de C. Méla se veut la plus fidèle possible à un récit qu'elle suit vers par vers. C'est dire qu'elle est un outil pour sa compréhension et qu'elle est là pour inciter à lire Chrétien de Troyes dans le texte. En revanche, celle de J.-P. Foucher et A. Ortais, s'autorise plus de libertés, sans doute dans le but, pas toujours atteint, de conserver leur vivacité aux octosyllabes. Bien que présentant une traduction en prose, les traducteurs ne dériment pas toujours les vers ; ils conservent des mots dans leur forme ancienne. De surcroît, aucune référence n'est faite à la numération des vers traduits. Enfin, des coupes ont parfois été opérées dans le texte aux dépens, parfois, de détails signifiants. Dans l'étude qui suit, nous renvoyons, par l'indication des vers, à l'édition de C. Méla et par celle des pages à la traduction de J.-P. Foucher et A. Ortais.

# SOMMAIRE

# 1

# REPÈRES Chrétien de Troyes et son temps

Chrétien de Troyes vit et écrit pendant la seconde moitié du XII^e siècle. Le cadre de ses romans se situe dans un passé lointain dont il ne précise pas l'inscription temporelle, mais la cour mythique du roi Arthur qui leur sert de centre, les usages, comportements et valeurs de leurs héros-chevaliers empruntent beaucoup à ceux de la société médiévale contemporaine.

## 1 - LE TEMPS DE L'HISTOIRE

### ■ La société médiévale

#### *Une société d'états*

La société médiévale occidentale du XII^e siècle s'organise et surtout se pense selon un schéma ternaire qui est, à l'origine, celui de toutes les sociétés indo-européennes, et qui, en France, perdurera en partie jusqu'à la Révolution de 1789. Il y a ceux qui travaillent de leurs mains – *laboratores* – produisant la nourriture et les objets nécessaires à la vie de tous ; les guerriers – *bellatores* –, ceux qui, par la force, dissuasive ou coercitive, des armes, ont pour charge de faire régner la paix contre les fauteurs de troubles intérieurs ou extérieurs ; il y a les clercs – *oratores* –, littéralement ceux qui ont en charge la parole, et, plus précisément, la parole comme outil de communication entre Dieu et les hommes : parole de prière et de prédication. En font partie les gens d'Église mais aussi, en un sens plus extensif, tous ceux qui ont fait des études et détiennent un certain savoir (clerc s'oppose à laïc, mais aussi à illettré).

La première de ces catégories, de beaucoup la plus nombreuse (environ 95 % de la population), est peu considérée ; jamais ses représentants ne sont élevés à la dignité de héros de roman.

La deuxième est, au contraire, la mieux représentée dans la littérature du XIIe siècle (poésie lyrique et, surtout, épopée et roman). Tous les héros de Chrétien de Troyes, au premier rang desquels Perceval, sont des chevaliers, c'est-à-dire des combattants à cheval qui ont reçu, au cours d'une cérémonie (l'adoubement) les intégrant à leur futur état, l'épée qui est leur marque distinctive.

La troisième catégorie est celle dans laquelle, pour avoir étudié et écrit, s'inscrit Chrétien de Troyes.

### *Une société féodale*

La société féodale constitue « une pyramide de pouvoirs fondés sur un rapport personnel entre seigneurs, vassaux et vavasseurs (vassaux de vassaux). Elle repose sur un engagement d'homme à homme, garanti par un serment réciproque » (J.-C. Payen). Le seigneur doit protection à son vassal en cas de péril ; le vassal doit à son seigneur aide armée et conseil. Le respect de la parole donnée sert de ciment à ce contrat social. On comprend donc que les premières valeurs féodales seront le courage et la loyauté. Dans le roman de chevalerie, le motif du don contraignant, par lequel le héros s'engage à s'acquitter d'une promesse dont il ignore le contenu marquera toute l'importance accordée à la parole donnée.

Cette organisation pyramidale culmine en la personne d'un roi (ou empereur) dont tous dépendent directement ou indirectement. Cette représentation idéale fut, dans la réalité, relayée par l'histoire des conflits ouverts ou latents entre pouvoir monarchique et pouvoir féodal : les seigneurs tenaient trop à leur autonomie et à leurs libertés pour accepter facilement d'en subordonner l'exercice à la reconnaissance d'un pouvoir supérieur et d'une autre nature que le leur. Si ce n'est pas le cas dans le *Perceval*, d'autres romans arthuriens et beaucoup de chansons de geste feront état de ces rivalités.

### *Une société chrétienne*

Les particularismes féodaux font que les notions de patrie et de nation n'existent pas encore sous les formes que nous connaissons. Les communautés dans le cadre desquelles se définissent les solidarités et les rivalités sont plutôt celles de la famille (le lignage), du village, de la seigneurie, du *païs*. Cependant une commune appartenance à la religion chrétienne sous sa forme romaine rassemble un Occident qui se distingue de l'Orient byzantin (grec, orthodoxe) et s'oppose à l'Orient islamique (un Orient présent dans ce Sud espagnol où se poursuivra, jusqu'à la fin du XV^e^ siècle, la « Reconquête », et dans ce Proche-Orient lieu des croisades et de l'Empire latin de Jérusalem). La société (littéraire) arthurienne est une société chrétienne, même si, comme on le verra, sa morale n'est pas toujours celle de l'Église.

## ■ Repères chronologiques

| | Faits politiques et sociaux | Faits littéraires |
|---|---|---|
| **1135** | | Geoffrey de Monmouth, *Historia regum Britanniae* |
| **1137** | Louis VII, roi de France. Mariage avec Aliénor d'Aquitaine | |
| **1140** | | Poèmes du troubadour Jaufré Rudel |
| **1145** | Saint Bernard prêche la croisade à Vézelay | |
| **1150** | | *Roman de Thèbes*; *Couronnement de Louis* (chanson de geste) |
| **1152** | Aliénor d'Aquitaine, divorcée, épouse Henri II Plantagenêt, roi d'Angleterre | |
| **1155** | | Wace, *Roman de Brut* |
| **1160** | | *Roman d'Eneas*; chansons du troubadour Bernard de Ventadour |
| **1165** | Canonisation de Charlemagne | *Roman de Troie* |
| **1170** | | *Érec et Énide*, *Cligès*. Romans de *Tristan* (Thomas, Béroul) |
| **1175** | Canonisation de saint Bernard | *Lais* de Marie de France ; chansons du troubadour Bertrand de Born |
| **1180** | Philippe-Auguste roi de France | *Le Chevalier de la charrette*; *Yvain ou Le Chevalier au lion* |
| **1182** | | *Perceval ou Le Conte du Graal* |
| **1185** | | De 1150 à 1185, de très nombreuses chansons de geste : cycle de Guillaume, cycle des Lorrains, *Girart de Roussillon*, *Raoul de Cambrai*, etc. |
| **1200** | | R. de Boron, *Roman de l'histoire du Graal* |
| **1210** | | 1200-1210, Wolfram von Eschenbach, *Parzival* |

| | | |
|---|---|---|
| 1220-<br>1230 | | Cycle du *Lancelot* (*Lancelot, Quête du Graal, Mort du roi Arthur*) |
| 1200-<br>1235 | | « Continuations » du *Conte du Graal* |

## 2 - LE TEMPS DE LA LITTÉRATURE

L'histoire littéraire nous a familiarisés avec les notions d'auteur, de période, de genre. Nous avons ainsi avec Chrétien de Troyes un auteur qui a vécu au Moyen Âge, plus précisément pendant la seconde moitié du XIIe siècle, et dont nous avons conservé cinq romans. Au nombre de ceux-ci, le *Conte du Graal*. L'auteur lui-même présente son œuvre comme un « roman » (v. 8). Reste cependant à préciser ce que le mot désigne dans la langue (langue d'oïl) de Chrétien de Troyes et à marquer les différences avec les sens qu'il a pris plus tard dans l'histoire littéraire.

### ■ Question de langue : *metre en roman*

Au XIIe siècle, l'adjectif « roman » s'applique à ce qui est « relatif aux peuples conquis et civilisés par Rome » (*Littré*). En particulier dans le domaine linguistique, la langue romane, le roman désignent la langue populaire, dérivée du latin, mais se définissant par opposition à lui. Pendant tout le Moyen Âge, le latin classique continue d'être parlé et écrit : il est la langue savante, celle des écoles, celle des universitaires, celle de l'Église et, le plus souvent, celle du pouvoir. Mais, parallèlement, le latin parlé évolue différemment dans les divers pays où l'occupation romaine a relayé la conquête, tandis que les parlers locaux lui font des emprunts. Au début du IXe siècle, les langues dites romanes ont succédé au latin ; au début du XIVe siècle, le poète Dante les distinguera par leurs manières de dire « oui » : langues d'oc (l'occitan), d'oïl (le français), de « si » (italien, espagnol). Cette représentation doit d'ailleurs être affinée car il y a *des* langues d'oc et d'oïl. Si Chrétien de Troyes, au lieu d'être champenois, s'était trouvé picard, normand ou bourguignon, il aurait aussi écrit en roman, en langue d'oïl, mais graphies, formes des mots et certains de ses mots eux-mêmes (pour ne rien dire de l'accent de son parler), auraient été différents.

Un roman est un récit en langue romane. Les auteurs médiévaux fondent volontiers leurs œuvres sur des écrits plus anciens (ou prétendent le faire). Prestige du latin aidant, ils se réclament souvent de sources latines, définissant leur travail comme une traduction et une adaptation de ces textes antérieurs : les expressions *metre en roman* ou *translater en roman* sont celles qu'ils emploient.

Cependant, dans le cas du *Conte du Graal*, si l'auteur fait bien état d'une source (v. 60-67, p. 34), il n'emploie pas le vocabulaire de la « translation ». Dans la mesure où la littérature narrative en roman a déjà une existence affirmée depuis presque un siècle, on est fondé à se demander si, quand Chrétien de Troyes désigne par le terme de roman l'œuvre qu'il entreprend d'*arimer* (v. 62, mettre en vers), il pense seulement à la langue dans laquelle il va le composer ou s'il a en vue une sorte particulière de récit qui aurait peu ou prou à voir avec ce que nous avons appelé roman.

## ▪ Question de genre : le roman comme forme

La langue d'oc a des débuts lyriques : les troubadours écrivent des *cansos* (chansons) dans lesquelles texte et musique ne vont pas l'un sans l'autre. La langue d'oïl a des débuts épiques : la plus ancienne chanson de geste conservée (*La Chanson de Roland*) date du début du XII^e^ siècle et on en écrira, sous des formes diverses, pendant tout le Moyen Âge. Vers le milieu du XII^e^ siècle, apparaissent les premiers textes que leurs auteurs présentent comme des romans. Chansons de geste et romans s'influenceront mutuellement mais le roman est, dans la tradition médiévale, un genre second.

### *Des romans (comme œuvres) au roman (comme genre)*

Chansons de geste et romans médiévaux se distinguent sur deux plans.

**Celui de la forme**. Si les uns et les autres sont d'abord écrits en vers (décasyllabes assonancés pour les chansons de geste, octosyllabes rimés pour les romans), les chansons de geste entretiennent avec la poésie et la musique des rapports que le roman ignore. Le terme de chanson (dans l'expression chanson de geste) désigne une forme qui joue des ressources de la prosodie. L'unité de composition en est la laisse, strophe de longueur variable. D'autres procédés empêchent le récit de se dérouler selon un fil continûment chronologique. De plus, la chanson de geste est chantée. Les romans, eux, n'ont jamais été que lus ; ils n'ont jamais été récités ni, en amont, mis en musique. D'autre part, le fil du récit y est continu : la seule unité métrique est le couplet de deux vers avec lequel la phrase prendra vite des libertés et, dès le début du XIII^e^ siècle, certains romans seront écrits en prose. Ce changement de forme dénote aussi un changement de ton. Chanter de geste (du latin *gesta* : hauts faits), c'est célébrer des exploits. Passage du chant à la lecture, du vers à la prose, de la louange au récit : on passe ainsi d'un genre à l'autre, de l'épopée au roman.

**Celui du contenu** (ancien français *matiere*). L'épopée puise sa matière dans un univers carolingien légendarisé. Autour de Charlemagne ou de son fils Louis se centrent des récits où les héros sont porteurs d'un destin qui leur fait représenter des collectivités et des valeurs. Les conflits politiques et religieux qui les opposent ne font pas la part belle à l'aventure individuelle. Le roman, lui, va chercher sa matière soit dans une lointaine Antiquité gréco-latine, connue de seconde main (*Roman de Thèbes*, *Roman d'Eneas*, *Roman de Troie*, composés entre 1150 et 1170), soit dans un monde breton qui, assez vite, renoncera à ses supposées références historiques : c'est cette « matière de Bretagne » que Chrétien de Troyes utilisera dans presque tous ses romans et, en particulier, dans le *Conte du Graal*. Dans ces romans, l'aventure individuelle prend de plus en plus de place aux dépens de la thématique collective de l'épopée.

Chez Chrétien de Troyes, chaque roman est consacré à un ou deux héros, qui mûrissent ou dépérissent au fil d'aventures multiples n'étant pas sans rapport avec le sort d'un royaume mais qui les concernent d'abord eux et eux seuls. Le chevalier errant qui va, pour son compte, « en quête d'aventure et du sens du monde » (selon une formule d'un des héros du *Roman de Tristan* écrit en prose, vers 1250) a remplacé le preux au service de sa *maisnie*, de son seigneur et de Dieu.

### *Le lecteur médiéval*

Comment ces changements étaient-ils appréhendés au Moyen Âge ? Nous n'avons pas gardé, pour les XIIe et XIIIe siècles, de roman de Roland. Symétriquement, jamais Chrétien de Troyes n'écrit qu'il va chanter la geste de Perceval. Au début du XIIIe siècle, le trouvère arrageois Jean Bodel commence ainsi son épopée des *Saisnes* (les Saxons).

> « Il n'y a que trois matières au monde : celles de France, de Bretagne et de Rome la grande ; et toutes trois sont différentes. Les histoires [ancien français *li conte*] de Bretagne sont d'agréables inventions [ancien français *vain et plaisant*] ; celles de Rome nous donnent des leçons de sagesse ; celles de France valent par leur authenticité ».

Ce classement tient seulement compte des sujets et de leur (supposé) intérêt. Mais le même terme (*li conte*) désigne ce que nous distinguons par la forme : à nos yeux, il y a l'épopée (*matiere [...] de France* pour Jean Bodel) et le roman (*matiere [...] de Bretaigne [...] de Rome*). Il ne s'agit pas, pour cela, de remettre en cause notre considération des genres, mais d'être conscients qu'il a pu y en avoir d'autres, et spécialement à l'époque où s'écrivait le texte objet de notre étude.

## 3 - LE TEMPS DE CHRÉTIEN

### ■ « On connaît l'homme à son nom » (v. 526, p. 44)

Ce vers de *Perceval*, à formulation proverbiale, traduit l'idée, très ancrée dans les esprits médiévaux, que le nom exprime l'essence de celui qui le porte.

Mais ce qui est littéralement et philosophiquement signifiant peut s'avérer historiquement décevant. Comme c'est le cas pour beaucoup d'auteurs médiévaux jusqu'au XIIIe siècle, nous ne savons de Chrétien de Troyes que ce que son œuvre nous apprend de lui. C'est-à-dire que nous ignorons presque tout, à commencer par les dates de sa naissance et de sa mort. Nous connaissons son nom parce qu'il se désigne lui-même à plusieurs reprises dans ses romans comme *Crestiens* (Chrétien) ou comme *Crestiens de Troies.* Façons de signer son œuvre qui dénote un intérêt pour l'écriture littéraire.

*Crestiens...* : on a essayé de faire parler ce nom, soit en faisant de son porteur un juif converti, soit en l'identifiant avec un chanoine d'une abbaye de Troyes, *Christianus*, dont une charte de 1173 a gardé la trace, mais sans preuve. En tout cas, il possède la culture d'un clerc, ce qui signifie seulement qu'il a fait des études. Il sait lire le latin (il a traduit et adapté des œuvres d'Ovide) et il manifeste vis-à-vis de ceux qui, incapables de composer une œuvre, se contentent de « conter pour gagner leur vie » un mépris bien révélateur.

*...de Troies*: est-ce son lieu de naissance ? On ne peut le dire. Mais la langue qu'il écrit, proche du francien (le français d'Île-de-France), comporte des traits champenois. On peut donc considérer qu'il était natif de la région et qu'il a pu faire ses études dans les écoles de Troyes, siège habituel de la cour des comtes de Champagne.

Il a été en relation précise avec cette cour, puisqu'il se présente, dans le prologue du *Chevalier de la charrette*, comme étant au service de celle qu'il appelle « ma dame de Champagne » et qui, dit-il, lui a demandé de composer un roman. Il s'agit de Marie, fille du roi de France Louis VII et d'Aliénor d'Aquitaine, qui avait épousé le comte de Champagne Henri I^er^ en 1164. Il faut comprendre que Chrétien de Troyes vit à la cour, payé par la comtesse pour son travail d'écriture, comme pourrait l'être un écuyer ou un *bouteiller* (préposé, à table, au service de la boisson). Puis Chrétien de Troyes est passé au service de Philippe d'Alsace, comte de Flandre qui lui a remis le livre d'où, sur son ordre, il tirera son roman le *Conte du Graal* (v. 60-66, p. 34).

## ■ L'écrivain

### *Les œuvres*

L'essentiel de sa production, qui ne nous est parvenue qu'incomplète, se ramène à cinq romans, dans l'ordre chronologique d'écriture : *Érec et Énide*, *Cligès*, *le Chevalier au lion (Yvain)*, *le Chevalier de la charrette (Lancelot)* et *le Conte du Graal (Perceval)*. Des allusions à certains événements historiques permettent de situer la période de création de Chrétien de Troyes dans les années 1170-1190. En particulier le *Conte du Graal* aurait été écrit vers 1185.

### *Le romancier*

« Au Moyen Âge, toute écriture est réécriture » (D. Poirion). Pour l'homme médiéval, seul Dieu peut créer : il y aurait donc, pour sa créature, une prétention orgueilleuse et contre nature à prétendre pouvoir aussi construire *ex nihilo* une œuvre de l'esprit. De surcroît le Moyen Âge a beaucoup de considération pour ce qui vient de la collectivité et peu pour ce qui vient de l'individu ; ce n'est guère qu'à partir du XIIIe siècle qu'on pourra parler de « subjectivité littéraire ». Tout auteur se réclamera donc de sources, réelles ou supposées, clairement désignées ou vaguement invoquées.

Plus ces sources sont anciennes, plus elles donnent de prestige à l'œuvre qui s'en inspire et plus elles attestent de l'authenticité d'une *matiere*. Dans le prologue de *Cligès*, Chrétien de Troyes, parlant du livre qui lui aurait servi de base pour ce roman, écrit : « Le livre est très ancien/qui atteste la vérité de l'histoire ;/ elle en est d'autant plus digne de foi ». Cela ne signifie pas un respect figé devant le passé, ni le refus d'évoluer. Lorsque Bernard de Chartres, un clerc du XIIe siècle déclare : « Nous sommes des nains, juchés sur les épaules de géants », il s'empresse d'ajouter que cette situation élevée permet à ceux qui en bénéficient de voir plus loin, que leurs prédécesseurs. Les auteurs médiévaux ont d'autre part, du XIIe au XIVe siècle, constamment repris et réécrit les œuvres des siècles antérieurs : l'exemple le plus notable est celui de la mise en prose des chansons de geste et des romans, à partir de plus anciennes versions rimées. Lorsque Chrétien de Troyes dans le prologue d'*Érec*, se présente comme tirant d'un simple conte d'aventures une très belle composition (*conjointure*, v. 13-14), il se situe dans le droit fil de ces comportements.

### *Les sources : la « matiere de Bretagne »*

#### Les sources écrites : Geoffrey de Monmouth (et Wace)

Geoffrey, un clerc gallois, achève en 1136 une *Historia regum Britanniae* (*Histoire des rois de Grande-Bretagne*) qui prête à ceux-ci un mythique ancêtre troyen, Brutus.

Brodant sur les maigres renseignements qu'avaient pu porter à sa connaissance des *Annales* plus anciennes, qui n'assuraient qu'une vague historicité à celui dont les légendes, les contes et lui-même avaient commencé et allaient continuer de faire le roi Arthur, il prête à celui-ci une existence et une souveraineté prestigieuses et prodigieuses. Arthur apparaît comme un chef militaire extraordinaire : couronné à quinze ans, il doit reconquérir son royaume sur les envahisseurs saxons et ira jusqu'à soumettre l'Écosse, l'Irlande, l'Islande et aussi Paris et la Gaule tout entière ; mais il n'aura pas le loisir de s'emparer de Rome. Trahi par son neveu

Mordret et par sa femme Guenièvre, il réussira à châtier le traître mais sera mortellement blessé par lui au combat, en l'an 542. Il est alors transporté dans l'Île d'Avalon « pour que ses blessures y soient guéries », mais n'en reviendra pas. Il est en relation avec l'Autre Monde : l'enchanteur Merlin préside à sa naissance et veillera sur lui.

Cette *Historia* a une visée politique et une prétention à l'historicité, mais on comprend bien qu'elle n'est guère que du roman, au sens moderne de l'expression, c'est-à-dire une histoire inventée. Les contemporains de Geoffrey ne sont pas dupes. À commencer par Wace qui, vingt ans plus tard, écrit un *Roman de Brut*. Cette fois, on a un récit en langue romane – c'est le sens qu'il faut donner au titre – mais également un récit qui fait une part encore plus belle à l'imagination : « Laissons l'histoire et écrivons des histoires qui seraient intéressantes pour elles-mêmes et non pour ce qu'elles nous apprennent du passé » – on pourrait résumer ainsi sa démarche. Dans cet ordre d'idée, il accomplit un coup de maître : c'est lui l'« inventeur » de la Table ronde.

**Les contes celtiques**

Geoffrey et Wace n'ont pas tout inventé. Des traits comme la disparition d'Arthur en Avalon, l'île des fées, le nom de son épée (Excalibur), celui de Guenièvre, l'enlèvement de cette dernière par un personnage de l'Autre Monde (Méléagant chez Chrétien de Troyes), etc., paraissent dériver de légendes antérieures. La poétesse Marie de France, lorsqu'elle écrit ses *Lais* (milieu du XII^e^ siècle) déclare le faire d'après des « lais bretons » antérieurs, poèmes chantés dont elle donne parfois le titre. De certains de ces contes celtiques, on a d'ailleurs conservé des états tardifs, dans les *Mabinogion* gallois, eux-mêmes dérivés de traditions plus anciennes.

# 2

# ÉTUDE DU TEXTE

## Du « conte d'aventures » au roman de formation

### 1 - *MATIERE*, *SAN*, *CONJOINTURE*

C'est Chrétien de Troyes lui-même qui emploie ces trois termes pour décrire les éléments qui entrent en jeu dans l'écriture de ses récits. Ils sont devenus usuels pour étudier son art de romancier et peuvent donc servir à une première approche de l'œuvre et des problèmes qu'elle pose.

#### ■ *Matiere*

Le terme désigne l'histoire dans ses aspects factuels.

##### *Argument*

Un jeune homme est tenu par une mère protectrice à l'écart de la chevalerie où son ascendance l'appelait pourtant à entrer. Une rencontre fortuite lui en fait découvrir l'existence, et il part aussitôt ne rêvant plus que d'être armé chevalier (v. 67-596, p. 34-45). Trois étapes intermédiaires l'amènent à ce but : rencontre de la jeune fille à la tente (v. 597-791, p. 45-49), passage par la cour du roi Arthur (v. 792-1254, p. 50-57) et par le château de Gornemant de Goort qui l'adoube (v. 1255-1656, p. 57-65).

Les deux aventures suivantes du héros font se succéder progrès et succès (à Beaurepaire, il connaît la victoire aux armes en deux combats singuliers dans lesquels il met sa force au service de la faiblesse n'ayant pour elle que son droit et fait preuve en même temps d'une magnanimité chevaleresque en accordant sa merci aux vaincus ; il y connaît aussi sa première expérience du sentiment amoureux avec Blanchefleur : v. 1657-2913, p. 63-87) et l'échec (hébergé dans un château surgi de nulle part, il assiste pendant le dîner à une scène singulière : à plusieurs reprises passent dans la salle un jeune homme portant une lance dont la pointe saigne et une demoiselle portant un *graal* ; intrigué, il se tait cependant ; le lendemain, il quitte le château déserté de ses habitants, v. 2914-3367, p. 88-96).

Trois étapes vont le ramener à la cour d'Arthur : rencontre d'une jeune fille devant laquelle il a l'intuition de son nom – Perceval le Gallois – qui lui avait été tu jusqu'alors et révélation que son silence au château du Roi Pêcheur (*Roi Pescheor* = Roi Pêcheur : c'est le nom par lequel est désigné le seigneur du château du *graal*), dû au péché dont l'a rendu coupable la mort de sa mère par son départ précipité, a de graves conséquences pour le pays et son roi (v. 3368-3628, p. 96-101) ; retrouvailles avec la jeune fille à la tente à qui il fait justice des torts qu'il lui avait causés (v. 3629-4025, p. 101-110) ; retour à la cour d'Arthur : plongé dans la contemplation d'un paysage qui lui rappelle Blanchefleur, il en est tiré par le courtois Gauvain (v. 4026-4539, p. 110-119). Plusieurs aventures sont proposées aux chevaliers par la Laide Demoiselle : bien qu'elle l'en ait découragé, Perceval décide de retourner au château du Roi Pêcheur poser les questions qu'il avait tues ; Gauvain choisit d'aller secourir le château de Montesclaire assiégé, mais il est aussi sommé de se justifier d'avoir, autrefois, tué un adversaire en trahison (v. 4540-5745, p. 120-124).

Le récit suit Gauvain qui prend part à un tournoi où il se fait le champion d'une petite fille, la cadette de Thibaut de Tintagel (v. 4746-5583, p. 124-141). À Escavalon, il est surpris en galante compagnie, pris à partie par les gens du lieu et sauvé par celui-là même dont il est accusé d'avoir tué le père, lequel accepte de remettre leur duel judiciaire à un an, à condition que Gauvain se mette en quête de la lance-qui-saigne (v. 5584-6142, p. 142-153).

Le récit revient à Perceval. Après cinq ans d'errance, il arrive chez un ermite qui l'exhorte au repentir pour la mort de sa mère et son oubli de Dieu, répond à une des questions qu'il s'était posées au château du Roi Pêcheur. Confessé et communié, Perceval repart (v. 6143-6438, p. 153-159).

Le récit retrouve Gauvain et rapporte deux séries de ses aventures avant de s'interrompre. Il connaît des mésaventures au pays de Galvoie (rencontre de l'Orgueilleuse qui le raille et lui prédit un avenir de honte, vol de son destrier etc. : v. 6439-7137, p. 160-177). Il est accueilli en sauveur au château des Reines mais il devra en rester prisonnier (v. 7138-8178, p. 177-199). Les dernières péripéties (duel organisé contre Guiromelant, arrivée de la cour d'Arthur : v. 8179-9069, p. 199-218) ne connaissent pas d'issue dans l'espace du texte conservé.

***Sources***

**Le livre de Philippe d'Alsace**

Dans le *Conte du Graal*, Chrétien de Troyes se réclame avec précision d'un livre à lui remis par Philippe d'Alsace (v. 60-66, p. 34) : « ...c'est le conte du *graal* ». Mais cette affirmation laisse planer bien des incertitudes. En quelle langue était écrit ce livre, latin ou français ? En prose ou en vers ? L'association de Perceval et du *graal* y était-elle faite ? Ce n'est pas évident puisque nous avons gardé un roman anglais du XIVe siècle dont Perceval est le héros et où il n'est pas question d'un *graal*. Gauvain y était-il présent et, le cas échéant, quel rôle y jouait-il ? Chrétien de Troyes aurait-il eu une autre source, un de ces « contes d'aventures » mentionnés dans le prologue d'*Érec* ?

**La matière de Bretagne**

Comme les autres romans de Chrétien de Troyes (sauf, en partie *Cligès*), le *Conte du Graal* puise dans la matière de Bretagne, soit dans celle, écrite et savante, de Geoffrey de Monmouth et de Wace, soit dans celle, plus populaire et souvent orale, de ces lais bretons dont parle Marie de France, ou de ces « contes d'aventures » que le romancier lui-même mentionne.

La matière de Bretagne fournit d'abord son cadre au récit. La cour du roi Arthur constitue un lieu central pour les chevaliers en quête d'aventures : c'est là que la Laide Demoiselle vient en proposer à tous ceux qui en souhaitent (v. 4543 *sq.*, p. 121) ; c'est là aussi que, par eux-mêmes ou par messagers ils rendent compte de celles qu'ils ont achevées.

Mais, contrairement à ce que Geoffrey de Monmouth et Wace avaient donné à lire, le roi, s'il joue, avec la reine, le rôle de pilier nécessaire à l'existence du royaume, n'est plus lui-même un héros agissant et guerrier ; la reine n'est même pas désignée sous son nom de Guenièvre, la Table Ronde n'est l'objet que d'une tardive et brève mention (v. 8043) ; Arthur, le « roi qui fait les chevaliers » n'adoubera pas Perceval, et c'est à deux reprises la cour qui se déplacera pour se mettre en quête du héros (pour Perceval, v. 4047 *sq.*, p. 109-110 ; pour Gauvain, c'est sur cette perspective que s'interrompt le texte de Chrétien de Troyes et ses continuateurs l'ont avérée, p. 222-224) ; les deux châteaux, celui du Roi Pêcheur pour Perceval, celui des Reines pour Gauvain ont plus d'importance que la Carduel d'Arthur et rien n'indique qu'à la fin du roman tout devait (re)converger autour de la personne du roi.

D'autres personnages, comme Gauvain et Keu, se rencontrent aussi chez Geoffrey de Monmouth, mais on ignore d'où provient Perceval. Chrétien de Troyes le mentionne déjà dans *Érec* et dans *Cligès*, mais sans aucune allusion au contenu de son futur *Conte du Graal*. Un conte gallois, *Peredur*, conservé dans un état qui ne remonte pas en deçà du XIIIe siècle ne peut donc être la source du personnage de Chrétien de Troyes ; mais les différences considérables de cette version de l'histoire avec celle du romancier champenois interdisent de penser que ce soit lui qui l'ait inspirée. La plus vraisemblable hypothèse est donc celle d'une origine commune, mais dont on ne peut cerner ni la forme ni le contenu.

Quant au *graal*, il pose des problèmes spécifiques que nous examinerons dans la dernière partie de cette étude.

**Les contes populaires**

Tous les contes médiévaux ne sont pas spécifiquement bretons. Certains appartiennent à un fonds folklorique beaucoup plus vaste, indo-européen, voire universel. L'un d'eux est répertorié par les spécialistes comme le conte des bons conseils. D'origine indienne, il est attesté au Moyen Âge dès le XIe siècle, dans un poème allemand, écrit en latin, *Ruodlieb.*

Dans le conte-type, le héros reçoit d'un sage une série de conseils. La suite de l'histoire montre comment il échappera à la mort, ou fera fortune, en les suivant, à moins que, les négligeant, il ne « connaisse le malheur ou l'échec » (Paule Le Rider). On voit bien le rapport qu'entretient ce schéma avec, dans le *Conte du Graal* de Chrétien de Troyes, la triple série de conseils donnés à Perceval par sa mère, Gornemant et l'ermite, ainsi que le récit des succès ou des échecs du héros, selon qu'il les applique correctement ou non. Quant au *Ruodlieb*, c'est déjà un roman de chevalerie. Au service d'un roi, un jeune chevalier, après s'être illustré, apprentissages terminés, retourne chez sa mère, veuve. C'est alors seulement qu'on le désigne par son nom. Pour le récompenser de ses services, le roi lui a donné douze conseils de sagesse. Dans la suite de l'histoire, le jeune homme a l'occasion d'en expérimenter le bien-fondé. La parenté de ce récit et du *Conte du Graal*, pour la partie consacrée à Perceval, est évidente. Mais rien ne vient, de là ni d'ailleurs, nourrir l'histoire de Gauvain.

## ■ *San*

Si la *matiere* est le sujet de l'histoire, le *san* en est la signification.

Les mentalités médiévales ont coutume d'appréhender le monde à partir de symboles ou de sens multiples. Si l'Écriture sainte, seule, peut être glosée selon quatre sens, les textes profanes, souvent écrits par des clercs que leurs études ont familiarisés avec ces modes de pensée – et Chrétien de Troyes en était un – n'hésitent pas à mettre en œuvre leur *matiere* avec des procédés comparables. Dans le midi de la France, les troubadours pratiquaient le *trobar clus* qui impliquait l'existence d'un sens profond (une *senefiance*) à dégager de la lettre (ou *semblance*) de leurs poèmes. Chrétien de Troyes lui-même, dans le prologue du *Chevalier à la charrette*, parle du *san* enclos en son roman, sans le préciser toutefois. Façon possible de le présenter – ironiquement ? – comme évident ou d'en confier le déchiffrement au suffisant lecteur ?

### *Le* san *dans les romans de Chrétien de Troyes : des romans courtois ?*

On qualifie de romans courtois les œuvres de Chrétien de Troyes, dans la mesure où ils illustrent des modes de penser et un art de vivre, plus poétiques que réels, qui ont représenté un idéal pour certains milieux curiaux du XII^e siècle.

Aujourd'hui, courtois signifie seulement – affable, poli, civil – (*Petit Robert*). Mais la famille de mots dans laquelle il s'inscrit connaît, au Moyen Âge, des sens multiples qui, tous, renvoient au terme de *cour*.

Est d'abord dit courtois tout homme qui vit dans le cadre d'une de ces cours seigneuriales caractérisant la vie sociale féodale ; le mot s'oppose alors à *burgeis* (bourgeois, celui qui vit dans un bourg, c'est-à-dire en ville) et surtout à *vilain* (paysan, celui qui vit à la campagne).

Dans la dernière partie du XI^e siècle dans le Sud de la France, un peu plus tard dans le Nord, la vie de ces cours se développe ; ceux qui y ont accès se targuent d'un art de vivre plus raffiné, inconnu de ceux ayant un autre cadre de vie.

L'opposition courtois/vilain a donc, à ces deux stades, une valeur sociale. L'homme courtois est celui qui se comporte comme il faut en société, celui qui sait se montrer d'une politesse empressée avec les autres : c'est aussi celui qui, sans avoir fait des études poussées, sait apprécier la poésie, la musique : à la différenciation sociale s'ajoute ainsi une opposition intellectuelle. Symétriquement, le vilain, c'est le rustre, l'homme grossier incapable d'intérêts autres que matériels.

Enfin, la courtoisie, qui désigne l'ensemble de ces manières de cour, en vient à caractériser un idéal de vie fait de loyauté, de largesse et de mesure, d'une considération d'autrui exigeant qu'on ne se mette pas en avant soi-même. On se situe alors à un niveau éthique : la *vilenie* signifiera traîtrise, avarice, méchanceté.

L'idéal courtois suppose une communauté partageant le même mode de vie, les mêmes goûts et aspirations, une communauté qui est juge et arbitre des manquements à son ordre. La *valor* (valeur) et le *pris* (du verbe priser : estimer) de chacun sont reconnus par le regard de tous. L'honneur et la honte (on en verra l'importance dans le *Conte du Graal*) sont liés à l'estime ou au mépris dont on est l'objet. Et la joie naît de cette harmonie.

### *Le* **san** *du* **Conte du Graal** *et le problème de son inachèvement*

Il est très difficile, voire impossible, de dégager ce *san* à cause de l'inachèvement de l'œuvre, et cela d'autant plus que nous ignorons s'il restait encore au romancier beaucoup à nous raconter de Perceval et de Gauvain.

Aussi, les opinions les plus diverses ont-elles été émises.

Pour affirmer que le *Conte du Graal* est, comme *Érec*, un roman de la conjugalité, il faudrait savoir si Perceval revenait à Beaurepaire y épouser Blanchefleur... mais leur séparation n'est-elle pas définitive ?

Comment apprécier la relation établie entre les rôles de Perceval et de Gauvain ? Le premier réussira-t-il ou non à revenir au château du Roi Pêcheur et à guérir le royaume et son roi ? Le second réussira-t-il ou non à briser l'interdit qui le retient au château des Reines ? Réussira-t-il à rapporter la lance-qui-saigne, puis à délivrer la pucelle de Montesclaire, ou demeurera-t-il à jamais prisonnier en compagnie de sa grand-mère morte ?

Certains sont allés jusqu'à penser que, si le roman était resté inachevé, ce n'était pas dû à la mort de son auteur, mais parce que celui-ci avait placé les deux protagonistes dans des apories : Perceval incapable de retourner au château du Roi Pêcheur, Gauvain incapable de quitter celui des Reines. D'autres considèrent qu'il était quasiment achevé : le destin littéraire de Perceval se limitait à une conversion intérieure, induite par la rencontre des pèlerins et celle de l'ermite et, sans qu'il soit plus question du ***graal***, s'ordonnait autour d'une vie de chevalier ***aventureus***, mais incluant la pensée de Dieu ; celui de Gauvain consistait en une royauté stable qui l'arrachait définitivement à l'errance. La plus belle ***conjointure*** de Chrétien de Troyes n'aurait-elle pas consisté à faire se retrouver et reconnaître – mais où ? et comment ? – ceux qui s'étaient une première fois trouvés et connus à la cour d'Arthur ? Pourquoi ne pas songer aussi à une double royauté, celle de Perceval au château du Roi Pêcheur après la mort du vieux roi et celle de Gauvain au château des Reines ?

On peut multiplier les hypothèses. Ce qui l'emportait était-il la considération d'une vie féodale (une terre, un château, une épouse, une famille), d'une vie d'errance (le chevalier en aventure et en quête)? D'un autre monde merveilleux devant beaucoup à l'au-delà celtique (château des Reines et à certains égards château du Roi Pêcheur) ou d'un surnaturel en voie de christianisation (à d'autres égards celui du Roi Pêcheur ainsi que les révélations de l'ermite)? Était-ce la vie de château, celle de l'ermitage ou celle des grands chemins forestiers?

## *Où chercher le* san *du* Conte du Graal?

### Dans le titre?

*Le Conte du Graal*, c'est ainsi et ainsi seulement que Chrétien de Troyes désigne son roman (v. 6141). On peut y lire l'indication que toute interprétation qui ne mettrait pas le ***graal*** au centre de son déchiffrement s'écarterait de l'intention de l'auteur qui, en particulier, n'aurait pas voulu écrire un roman de Perceval mais un conte du graal. Certes, le personnage a inspiré un certain nombre d'autres romans, mais leur nombre est sans commune mesure avec ceux qui ont inscrit le graal (devenu Graal) en leur centre et Perceval pourra même ne plus être le héros d'une quête devenue collective, à l'issue de laquelle il devra céder la première place à un autre personnage.

À moins que Chrétien de Troyes ait voulu piquer la curiosité de son public, et d'abord de ces gens de cour dont il allait de son intérêt de capter l'attention, en donnant pour intitulé à son œuvre un mot rare, destiné à susciter des questions.

### Dans le prologue?

Les 66 premiers vers du *Conte du Graal* (p. 33-34) constituent ce morceau obligé sur lequel s'ouvrent les romans, depuis les romans antiques qui ont de peu précédé ceux de Chrétien de Troyes, contrairement à l'usage des chansons de geste qui introduisaient généralement leur public en plein cours de l'action.

Un des éléments traditionnels du prologue est l'éloge du commanditaire de l'œuvre, ici Philippe d'Alsace, comte de Flandre. Il n'y a pas lieu d'y chercher un portrait individualisé, fût-il embelli, du dédicataire. L'hyperbole est de règle, et d'autant plus que le narrateur peut feindre de s'en défendre. Mais, derrière l'emploi des habituels procédés de rhétorique, n'y a-t-il pas un contenu en relation avec le *san* du roman ?

Chrétien de Troyes y célèbre « un idéal de chevalerie où la gloire du monde s'efface au profit de l'humilité chrétienne et de l'amour de Dieu » (Jean Frappier). Rectifiant le portrait d'un personnage historique (le conquérant Alexandre de Macédoine) devenu, au Moyen Âge, tout autant personnage légendaire et littéraire, et considéré comme le parangon des vertus chevaleresques dans un ordre tout profane, Chrétien de Troyes dessine la figure d'un idéal autre : celle d'un personnage grave, peiné même par de simples paroles de médisance et d'orgueil, juste et loyal, aimant l'Église (v. 21 *sq.*) et pratiquant une largesse qui, loin de l'ostentation féodale et courtoise qui y préside coutumièrement, obéit aux règles de l'Évangile (v. 28-56) : tout le développement est une citation et une glose d'un passage de l'Évangile de Matthieu (6, 24) et d'une épître de Jean (Ier épître, 4, 16) que Chrétien de Troyes attribue par erreur à saint Paul. La profane largesse y est convertie en charité (le mot revient six fois en quinze vers), une charité définie non seulement comme générosité matérielle, mais comme une façon de vivre en un Dieu qui a aussi pour nom Charité (v. 44 *sq.*) : « Celui qui vit en charité vit en Dieu et Dieu en lui ».

Si l'on rapproche ce passage de ceux où Perceval rencontre les pèlerins puis l'ermite (v. 6168-6433, p. 153-159), avec les enseignements sur ce Dieu qu'il faut adorer et aimer (v. 6385) au lieu de l'oublier comme le héros l'a fait pendant cinq ans (v. 6144-6145, p. 153), sur le péché et le repentir, sur la Passion et la Rédemption, sur le *graal tant sainte chose* apportant une suffisante nourriture au vieil homme *esperital* (= pur esprit), on peut penser que l'intention du romancier était de couronner les apprentissages de Perceval par une conversion de vie donnant une dimension de religion et de piété personnelle à sa vie de chevalier errant.

## ▪ *Conjointure*

Le mot évoque un travail de couture et de composition : à partir de morceaux qu'il s'agit d'assembler (= de conjoindre), on construit un tout. De l'agencement des mots et des phrases à celui des épisodes, du style à la structuration, il désigne tous les aspects de l'écriture. Pour Chrétien de Troyes, c'est là le travail même de l'écrivain. La *conjointure*, seule, mettant en œuvre la *matiere* et exprimant le *san* donne naissance à l'œuvre. S'exprime là une conscience de la spécificité et de la valeur du travail littéraire neuve pour l'époque.

### *Composition*

#### Le roman de Perceval

Pendant la première moitié conservée de l'œuvre, nous avons un récit linéaire qui suit Perceval dans l'espace et le temps (v. 67-4539, p. 34-119).

Le plus souvent, le point de vue adopté est le sien. Nous voyons et entendons les autres personnages, par ses yeux (v. 107 *sq.*, 123 *sq.*). Ses paroles sont rapportées au style direct, y compris celles qu'il s'adresse à lui-même (v. 109 *sq*., p. 35) : on a là un premier état de ce qui deviendra, beaucoup plus tard, le monologue intérieur. Nous sommes tenus au courant de ses intentions, de ses états d'esprit.

Parfois cependant, le narrateur prend quelque distance par rapport au personnage. Il nous révèle ainsi des éléments ignorés ou incompris du héros, procédé apte à rendre sensibles les lacunes de son éducation. Il peut aussi utiliser les réactions et réflexions d'autres personnages dont il prend son lecteur à témoin. Enfin, il peut lui-même intervenir par des formules qui jugent un protagoniste qui n'est donc plus seulement dit *fol... mal sené... sot* par d'autres personnages eux-mêmes susceptibles d'incompréhension ou de malveillance mais par un narrateur omniscient et impartial : *Et li vallez qui nices fu...* (v. 645, p. 46 : « en ignorant qu'il était »). Ces références ne sont là qu'à titre d'exemple ; on pourrait les multiplier au fil de la narration.

Les aventures du héros seront racontées en suivant leur ordre chronologique en même temps que ses déplacements dans l'espace. Il reste qu'on n'a pas là une chronique de voyage qui tiendrait un compte égal et réaliste d'étapes quotidiennes.

Il part du manoir de sa mère à la belle saison. Aucune date n'est précisée mais le récit s'ouvre sur une « reverdie » (v. 67 *sq*., p. 34), motif emprunté à la poésie lyrique : il présente un printemps-type, ce qui est confirmé par la plus réaliste évocation des travaux de la terre qui suivent les labours de printemps (v. 79-82 et 293-304, p. 35 et 39). Il a décidé d'aller « chez le roi qui fait les chevaliers » (v. 458, p. 43) qui s'appelle Arthur et réside à Carduel (v. 330, p. 40). Où se trouve cette ville ? Combien de temps faut-il pour s'y rendre ?

Il ne s'en enquiert point. Parti au matin, il chevauche toute la journée et dort à la belle étoile (v. 595-597, p. 45). Le domaine de la Veuve Dame a été présenté comme situé à l'écart de toute ville et voie de circulation : l'on pense d'abord qu'il a fallu un bien grand hasard pour que des chevaliers en viennent à passer par là et que Perceval pouvait poursuivre une chevauchée destinée à se prolonger. Il n'en est rien ; s'il en était ainsi, on ne serait pas dans le temps de l'aventure héroïque où celle-ci ne fait pas défaut à qui la cherche. La journée vide sert seulement à marquer un passage d'un monde dans un autre, après que Perceval a eu « passé le pont » (v. 587, p. 45).

La deuxième journée est particulièrement bien remplie même si le terme d'héroïque est loin de lui convenir à tous les sens du mot. Perceval fait d'abord la rencontre de la jeune fille à la tente (v. 602-741, p. 45-49), puis celle d'un charbonnier qui lui indique le chemin vers Carduel et lui raconte les derniers événements de la cour (v. 792-812, p. 49-50). C'est le même jour qu'il arrive à la cour du roi – donc située à moins de deux journées de chevauchée du manoir maternel – (v. 858 *sq.*, p. 51), en repart aussitôt, sans avoir été fait chevalier, pour conquérir les armes du chevalier Vermeil en tuant leur possesseur (v. 1020-1156, p. 54-55). Avant que le jour ne tombe, il a encore le temps d'arriver au château du vavasseur Gornemant de Goort et d'y recevoir ses premières leçons de combat (équitation et maniement de la lance) et d'éthique (traitement des vaincus) chevaleresques. Enfin, c'est l'heure de manger et de dormir (v. 1255-1554, p. 57-63). Près de 1 000 vers ont été nécessaires pour en venir à bout, le dixième de la totalité du texte conservé. On est donc là en présence d'un temps à la fois héroïque et symbolique : héroïque parce que cette journée surchargée, même si elle n'empiète pas sur le temps du sommeil et fait, à deux reprises, sa place à celui de la nourriture, ne peut être que celle d'un personnage hors du commun ; symbolique parce qu'elle marque une étape dans l'éducation de Perceval, plus qu'elle n'en mesure la durée.

La troisième journée est anticipée dès la veille au soir puisque Perceval a annoncé à Gornemant son intention de repartir dès le lendemain, tôt. Il veut, dit-il, retourner voir sa mère, mais ajoute une remarque indiquant bien qu'on n'est pas dans un temps ni dans un espace réalistes : « Je ne sais pas si je suis près du manoir où se tient ma mère » (v. 1538-1539, p. 62-63). Pris à la lettre, l'itinéraire suivi a été si rapidement parcouru et n'a si bien donné lieu à aucun détour que la phrase de Perceval n'a pas de sens ; elle n'en trouve un que si ces deux journées de chevauchée ont, en fait, duré assez longtemps pour l'emmener si loin qu'il ne sait plus où il est, ni, pourrait-on ajouter, où il en est : le *vaslet sauvage*, qui passait le plus clair de son temps à chasser et à se promener dans la forêt a tué son premier chevalier et il est sur le point d'en devenir un lui-même.

Les troisième (adoubement du héros, arrivée à Beaurepaire), quatrième (premier combat pour Blanchefleur, découverte de l'amour) et cinquième (deuxième combat pour Blanchefleur) journées utilisent les mêmes procédés narratifs.

Aussitôt quitté Beaurepaire revient le motif esquissé au départ de chez Gornemant : l'incertitude de la situation du manoir maternel, creusée en un pays pour la première fois vide d'hommes (« Il ne rencontre âme qui vive/... pour lui enseigner le chemin », v. 2914-2917, p. 88). Y a-t-il seulement concomitance ou lien de cause à effet quand Chrétien de Troyes, montrant Perceval priant Dieu de le mettre sur le bon chemin, écrit : « Alors qu'il priait ainsi,/ il parvint à une rivière »

(v. 2923-2924) ; un pêcheur en barque lui indique où il pourra faire halte pour la nuit : le héros arrive au château du Roi Pêcheur où il ne passera que la soirée (pendant le dîner, se déroule l'énigmatique cortège du *graal* et de la lance-qui-saigne) et la nuit : il repart le lendemain matin d'un château étrangement déserté (v. 2995-3556, p. 89-96).

Le deuxième jour après Beaurepaire… où se situe cette chevauchée (et quand ?) puisque, si Perceval estime être encore à portée de voix du château, la première personne qu'il rencontre manifeste sa surprise de le voir monter un cheval qui ne donne aucun signe de fatigue et d'avoir lui-même l'air très reposé, alors que, selon elle, « dans la direction d'où il vient,/ à 50 lieues il n'y a pas/de gîte convenable » (v. 3405-3432 ; ce détail important n'a pas été traduit par J.-P. Foucher et A. Ortais) ? L'incertitude du lieu et du temps, avant et après, n'y a-t-il pas là façon de dire que le héros a quitté l'espace arthurien pour passer dans un monde merveilleux, monde autre ou Autre Monde ?

Ce jour, Perceval rencontre une première jeune fille qui connaît le déroulement des scènes auxquelles il a assisté chez le Roi Pêcheur et qui les lui commente, tout en critiquant le rôle qu'il y a joué ; c'est aussi alors que le héros a la révélation de son nom (v. 3368-3627, p. 99). Puis il retrouve la jeune fille à la tente à laquelle il fait rendre justice au prix d'un combat contre son ami jaloux (v. 3628-3931, p. 101-107). La demoiselle et son ami gagnent la cour d'Arthur, sans indication de durée ; leur récit détermine le roi et les siens à se mettre en quête de Perceval (v. 3932-4092, p. 110). Au soir, ils installent leur camp « dans une prairie en lisière d'une forêt ». Le lendemain matin, ils se réveillent dans un paysage de neige inhabituel pour un mois de juin (on est peu après la Pentecôte). « La contrée était très froide » (v. 4097 ; ce détail important n'a pas été traduit par J.-P. Foucher et A. Ortais), se contente de commenter Chrétien de Troyes. Perceval est là, contemplant trois gouttes de sang d'une oie blessée par un faucon. Le lendemain, tous regagnent Carlion où Arthur tient sa cour (v. 4538-4539, p. 120).

Si, donc, l'univers proprement arthurien est situé dans un espace et dans un temps que l'on peut jalonner, le domaine de la Veuve Dame et le château du Roi Pêcheur apparaissent comme insituables : on peut bien en partir quand on y est, mais comment y arriver et comment, surtout, y retourner ? Dans l'espace du texte conservé Perceval ne le pourra pas.

Dans cette première partie, qu'il nous soit montré par un narrateur qui tend à se confondre avec lui, qu'il soit présenté par les autres personnages ou jugé par Chrétien de Troyes, c'est toujours Perceval qui est au centre du récit.

### À la cour d'Arthur (p. 120-124)

La scène à la cour d'Arthur fait appel à des procédés nécessairement différents de ceux que nous venons de voir. Au lieu d'un héros faisant des rencontres successives de personnages qui passent et disparaissent, parfois pour réapparaître, héros en mouvement avec changements de lieux et écoulement du temps, on a une scène remplie de très nombreux personnages : ceux dont c'est le lieu de séjour habituel (le couple royal, les principaux officiers curiaux comme le sénéchal Keu, mais aussi Gauvain, le neveu du roi, mais encore le fou ou la pucelle-qui-ne-rit), des chevaliers de passage (les vaincus de Perceval, Perceval lui-même et tous ceux qui, en charge de fiefs, ne viennent auprès du roi que lorsqu'il réunit ses vassaux à l'occasion des cours qu'il tient plusieurs fois par an) mais encore des personnes extérieures à la cour qui y viennent, par exemple, dans l'intention de demander justice s'ils estiment avoir été lésés par un homme d'Arthur (tel Guingambrésil accusant Gauvain d'avoir tué son seigneur en trahison) ou d'autres qui, sans doute, viennent non tant de plus loin que d'ailleurs et font le lien entre l'univers arthurien et des mondes apparentés à celui du Roi Pêcheur (telle la Laide Demoiselle avec sa liste d'aventures et sa malédiction à l'encontre de Perceval). La cour est un lieu de passage, de rayonnement (les aventures en partent) et de retour (on y revient quand elles sont accomplies – mais Perceval et Gauvain y revenaient-ils *in fine*?)

### Le roman de Gauvain : l'entrelacement

La dernière partie du roman ne doit pas être réduite à un roman de Gauvain qui serait d'une construction symétrique à celui de Perceval. Certes, elle présente cet aspect et on pourrait y trouver les mêmes procédés de *conjointure*: journées trop bien remplies, incertitudes temporelles et spatiales au moment d'entrer dans l'Autre Monde, ce château des Reines où trois générations de femmes accueilleront Gauvain : sa sœur, sa mère, sa grand-mère, tenue pour morte depuis longtemps. Peut-être notera-t-on seulement que les interventions du narrateur sont moins fréquentes que dans la première partie : le *nice* Perceval était un personnage assez inattendu en héros de roman de chevalerie pour justifier ces commentaires à l'usage du lecteur ; le courtois Gauvain, présenté dès l'abord, et, en amont, dans d'autres romans de Chrétien de Troyes comme modèle des vertus chevaleresques, ne l'exigeait pas.

Un procédé nouveau intervient, lié à la dualité des héros. Il s'agit d'un récit par entrelacement, déjà pratiqué par Chrétien de Troyes dans le *Chevalier de la charrette*: la narration passe de Gauvain à Perceval pour revenir à Gauvain ; seul, l'inachèvement du récit suspend une alternance qui devait se renouveler.

### *Motifs et* topoï

Si l'écriture médiévale est une réécriture, c'est aussi que les auteurs, plus qu'à une autre époque et, en particulier, à la nôtre, ont recours à des modèles et schémas préétablis, lorsqu'ils ont à traiter tel ou tel motif obligé d'un genre littéraire. Là où l'écrivain contemporain rechercherait l'originalité, s'estimant artiste à ce seul prix, celui du Moyen Âge, qui se pense plutôt comme artisan, s'efforce d'utiliser des exemples antérieurs, et d'écrire sa propre variante. C'est à cette conformité et à ces écarts que le public médiéval apprécie le savoir-faire de l'*artifex*.

On ne peut évidemment étudier ici tous les exemples qui se présentent dans le *Conte du Graal*. Quelques-uns suffiront.

### Le portrait féminin

On a là un *topos* particulièrement stéréotypé dont le traitement perdurera pendant toute la période médiévale, ce qui prouve qu'il plaisait toujours et que ce que nous aurions tendance à qualifier de monotone, et, à ce titre, de possiblement ennuyeux, suscitait des réactions différentes. Il ne s'agissait pas de singulariser un personnage, mais de caractériser un type.

Selon les normes des arts poétiques (fin XII^e^ - début du XIII^e^ siècle) qui codifient des usages antérieurs, le traitement complet du motif fait se succéder portrait physique et moral. Le premier décrit le personnage de la tête aux pieds, en ordre descendant ; cet ordre est également suivi pour chaque partie du corps : pour le visage, on va des cheveux au menton. Il y a, d'autre part, des traits idéaux pour chaque partie du corps :

cheveux blonds, front haut, mains aux doigts déliés, etc. La description du corps est suivie de celle des vêtements. Bien sûr, il y a là une mine que l'auteur utilise à son gré : abrégeant, développant, omettant, etc. C'est à partir de ces choix que l'on peut apprécier l'art de l'écrivain et déterminer ses intentions.

Il y a trois exemples de portraits féminins « en beauté » dans le *Conte du Graal*. Ceux de Blanchefleur (v. 1753-1787, p. 66-67), de l'Orgueilleuse (v. 6587-6791, p. 63) et de Clariant (v. 7817-7826, p. 189). Leur longueur reflète l'importance relative des personnages. Nous n'étudierons que celui de Blanchefleur, le plus développé comme il est normal pour le personnage de jeune fille le plus important du roman.

Il s'ouvre sur une description de ses vêtements, somptueux au-delà de ce qu'on pourrait attendre de la *dame* de ce Beaurepaire qui n'est pas une seigneurie princière : les plus riches fourrures (hermine et zibeline), un tissu de luxe rebrodé ou incrusté (pourpre étoilée d'or), des couleurs à la fois profondes et éclatantes (noir, blanc, or et argenté) : plus qu'aux couleurs en elles-mêmes, le Moyen Âge est sensible à leur saturation et à leur brillance.

Bien que le narrateur fasse état de la beauté du corps, seul le visage est décrit : l'or lumineux de la chevelure, la blancheur du teint et le vermeil qui peut être à la fois celui des joues et de la bouche : alliance annoncée par son nom, Blanchefleur (la fleur par excellence est déjà la rose rouge). D'autres détails, eux-mêmes traditionnels : la coiffure (celle d'une *pucele*, les cheveux libres, ni couverts, ni tressés), le front haut et sans ride, les sourcils bruns (association en effet recommandée par les arts poétiques qui ménage un contraste avec les cheveux blonds), les yeux brillants (l'adjectif *vair* exprime non une couleur, mais un éclat) et souriants, le nez droit.

Traditionnelles aussi l'affirmation hyperbolique de la beauté un peu lourdement affirmée et la façon de présenter le personnage décrit à la fois comme œuvre de Dieu, seul capable d'avoir pu créer cette merveille des merveilles (*passe merveille*) et comme une œuvre d'art (« son front comme fait de la main/d'un sculpteur travaillant/la pierre, l'ivoire ou le bois », v. 1773-1776). Le portrait est toujours un portrait en pied et la comparaison avec la sculpture est révélatrice : il y a quelque chose de la statue dans le personnage décrit et la description devient, parfois, celle d'une œuvre d'art plus que d'un être vivant. Mais cette impression est mitigée par l'introduction de quelques éléments, toujours conformes à la tradition, qui font état d'une beauté non figée : le sourire des yeux, le plaisir pris à regarder celle qui regarde, comme prête à parler.

Ce portrait ne prend son sens que par rapport à Perceval, non que le héros soit présenté comme ébloui à cette vue, mais parce que cette extrême beauté est l'écho de celle de Perceval lui-même : occasion pour le narrateur de souligner, en le faisant dire aux gens de Beaurepaire combien on a là un couple assorti. « Il est si beau, elle est si belle ;... il semble que Dieu les ait faits l'un pour l'autre » : est-ce un effet d'annonce ?

Il le prend aussi parce que, ici avec une *conjointure* toute personnelle, le topique contraste du rouge et du blanc sur le visage de Blanchefleur sera à l'origine de la scène des trois gouttes de sang sur la neige, où le paysage suscitera, dans la mémoire affective du héros, le souvenir de la jeune fille.

Enfin, ce portrait est renouvelé dans la mesure où, par des effets d'accumulation, le recours, soit directement, soit par le biais d'images, à la mention de matériaux et de métaux précieux, ainsi que l'expression de la merveille absorbent les traits conventionnels de la description dans un rayonnement qui tend à faire un moment de Blanchefleur la jeune reine d'un Autre Monde, quitte à isoler ce moment hors du temps entre deux réalistes et décevantes évocations : la dévastation et la disette à Beaurepaire ; le silence contraint de Perceval et de l'assemblée.

Dans les arts poétiques, le portrait de la beauté idéale a pour symétrique celui de la laideur. Chrétien de Troyes en donne un exemple avec celui de la bien nommée Laide Demoiselle (v. 4543-4569, p. 120). Les stéréotypes en sont inversés et poussés à la caricature. Il ne s'agit pas de décrire une femme laide, mais de se livrer à un exercice d'écriture : les cheveux et la peau sont noirs « comme fer », de petits yeux enfoncés, des dents jaunes comme du jaune d'œuf, bossue par devant et par derrière, on se rappelle le corps droit et élancé de Clariant, les jambes torses et grêles « comme des baguettes ». L'une était le plus beau fleuron de la nature humaine, l'autre se bestialise en rat, chat, singe, âne ou bœuf ; l'une était le chef-d'œuvre de Dieu, l'autre n'est-elle pas une créature d'enfer ?

### Le combat singulier

S'il y a un morceau obligé dans le roman de chevalerie, c'est bien le combat singulier. Il comporte plusieurs variantes selon qu'il s'agit d'un tournoi, où l'enjeu n'est pas, en principe, mortel (tournoi de Tintagel), d'un combat au cours d'aventures d'errance ou de quête (Perceval contre l'Orgueilleux, Gauvain contre Gréoreas), d'un combat par champions (Perceval contre Aguingueron ou Clamadieu) ou d'un duel judiciaire (Gauvain contre Guingambrésil – non raconté encore au moment où le récit s'interrompt).

L'affrontement en lui-même comprend un nombre limité de phases : défi préalable, joute à cheval à la lance (puis, éventuellement, à l'épée), combat à pied à l'épée. On en trouve de très nombreux exemples tant dans les chansons de geste que dans les romans de chevalerie et ils peuvent donner lieu à de très longs développements (plusieurs dizaines de vers, c'est habituel ; plusieurs centaines, cela se trouve) que les connaisseurs apprécient : le public seigneurial est, pour sa partie masculine, technicien en la matière, et averti pour sa partie féminine.

Chrétien de Troyes ne s'attardera guère à la narration des combats chevaleresques, tels que Perceval apprend à les mener : joute à la lance à cheval, puis combat à l'épée à cheval et/ou à pied. Le récit du combat contre Aguingueron n'occupe que 20 vers (v. 2154-2177, p. 74-75), celui contre Clamadieu pas davantage (v. 2602-2622, p. 82) ; le narrateur souligne d'ailleurs qu'il pourrait donner plus de détails mais s'en dispense par un désinvolte : « À quoi bon s'en donner la peine ? » (v. 2620, p. 82). Celui du duel contre l'Orgueilleux est encore plus bref (v. 3852-3864, p. 105-106) et Chrétien de Troyes s'en justifie de la même façon : « Je n'ai pas envie d'en raconter plus, c'est perdre son temps à mon avis ».

Ceux contre Sagremor (v. 4188-4204, p. 112) et Keu (v. 4230-4245, p. 113) appelleraient les mêmes remarques. Il en était déjà de même quand, sans suivre les règles du combat chevaleresque qu'il ignorait alors, Perceval venait à bout du chevalier Vermeil (v. 1058-1076, p. 54). La rapidité de la narration est une façon de mettre en valeur l'efficacité du combattant et de présenter Perceval en héros guerrier. Mais cet effet aurait tout autant pu être obtenu par un récit détaillé accumulant les coups épiques. Le récit du combat singulier, de la chanson de geste au roman de chevalerie, est un « morceau à faire » qui ne pouvait que plaire à un public seigneurial que Chrétien de Troyes a pris le risque de frustrer : est-ce pure originalité de *conjointure*, celle d'un écrivain prenant conscience du caractère personnel de son art et s'affranchissant de l'écriture d'un *topos* ou faut-il y chercher la façon de donner un *san* particulier au personnage – voire au roman ?

On ne constate pas non plus de différence vraiment significative de *conjointure* entre les combats de Perceval et ceux de Gauvain. Les deux traits qui en ressortent sont l'abrègement des récits quand les affrontements revêtent une forme traditionnelle et une certaine recherche, plus accentuée dans le cas de Gauvain (combat sur un cheval indigne d'un chevalier, combat contre la commune), pour mettre en œuvre des formes renouvelées de ces scènes obligées.

Chrétien de Troyes a-t-il en effet voulu éviter de se répéter ? Ce souci littéraire ne lui est pas étranger : quand Gornemant demande à Perceval de lui raconter comment il s'est procuré ses armes, une intervention d'auteur annonce : « Mais vous, vous avez déjà entendu ce conte./ Si on s'avisait une fois de plus de le raconter,/ ce serait ennuyeux et sans intérêt./ Cela n'est jamais à l'avantage du conte » (v. 1328-1331, p. 59). Mais n'y a-t-il pas à cette brièveté une autre raison ? L'étude des apprentissages de Perceval en proposera une explication.

**La description des châteaux**

Le château fort et le bourg fortifié sont des lieux obligés d'étape, de combat et d'aventures pour les héros des chansons de geste et des romans de chevalerie. Il est donc fréquent de les y trouver décrits, mais si ces descriptions ramènent nécessairement la présentation des mêmes éléments (fortifications, donjon, logis seigneurial avec les salles et chambres où se tenir, dîner et dormir, etc.), la description n'en a pas été codifiée comme celle des portraits. Les variantes d'écriture en sont donc plus accentuées. Dans le *Conte du Graal*, Chrétien de Troyes a décrit, de façon plus ou moins détaillée, pas moins de huit châteaux forts ou bourgs fortifiés.

Pour les châteaux forts, celui de Gornemant offre un bon exemple (v. 1271-1297, p. 57-58). L'ensemble de la description le présente en forteresse idéale : ce sont ses possibilités militaires qui sont mises en valeur. Elles comprennent des éléments naturels : un site dominant la mer et l'embouchure d'une rivière sur laquelle le château est édifié, et qui le protègent sur deux de ses côtés. D'autres sont dus à l'industrie humaine : quatre tours basses et massives qui gardent l'enceinte au plan carré ; au centre, une tour-donjon qui domine l'ensemble, une fortification avancée érigée sur le rivage et dont la mer vient battre les murs, un pont sur la rivière, lui-même fortifié avec d'autres éléments de défense encore : il constitue le seul accès au château, et un pont-levis achève de clore la forteresse la nuit venue. Un seul vers pour évoquer l'intérieur « commodément disposé », et la soirée puis la nuit, avec dîner et coucher, qu'y passera Perceval ne permettront pas d'en savoir beaucoup plus.

Cette accentuation guerrière s'explique aisément : c'est là, sous la direction du maître du château que Perceval fera l'apprentissage de l'équitation militaire et du maniement de la lance, c'est là qu'il sera armé chevalier. Il y a donc une consonance entre le rôle de l'édifice dans le roman et sa présentation.

Pour les bourgs fortifiés, deux exemples sont caractéristiques : Beaurepaire (v. 1664 *sq.*, p. 65-66) et Escavalon (v. 5680 *sq.*, p. 143-144).

Le logis seigneurial est là construit au centre d'une *vile* ; l'ensemble est ceint d'une muraille fortifiée et on y trouve les mêmes éléments de défense que précédemment et les mêmes espaces d'accueil et de vie seigneuriaux.

Mais, à l'intérieur de l'enceinte, on découvre d'autres constructions. Les monastères et abbayes de Beaurepaire, les rues, les maisons, les moulins et fours communaux. Ici, Chrétien de Troyes évoque surtout une ville ravagée et désertée : ni activité, ni présence humaine, sauf celle des moines et religieuses. En revanche, Escavalon est florissante, et l'auteur énumère longuement les boutiques de commerçants et d'artisans qui occupent les rues, les objets de belle et bonne fabrication, les matériaux précieux, les produits rares qui sont offerts à la vente. On a là un reflet de la connaissance que Chrétien de Troyes a pu avoir, d'abord d'une ville comme Troyes, puis de celles de Flandre, centres de production et d'échanges les plus développés de son temps.

Cette prospérité explique l'embonpoint des édiles et des bourgeois (v. 5833-5837, p. 147). Mais le romancier ne s'arrête pas à ce trait de satire : ces échevins « gros et gras », habitués à faire bombance, ne se contentent pas de faire des affaires. Ils se mêlent aussi de celles de la cité. Ameutés par un vavasseur qui a surpris la fille du seigneur en la galante compagnie de Gauvain – à qui ils croient avoir des raisons d'en vouloir – ils font sonner le tocsin et prennent les armes ; et s'il n'y a entre leurs mains ni lance, ni même épée, haches et guisarmes, masses, fléaux et fourches peuvent être redoutables.

On voit donc comment ce tableau remet en cause la vieille répartition féodale des trois ordres : ces bourgeois, voués à la production et au commerce, deviennent des guerriers en prenant les armes et, même, se mêlent de politique : à leurs yeux, Gauvain a porté atteinte au gouvernement de la cité. Si, *in fine*, l'ordre seigneurial et chevaleresque règne de nouveau, si Guingambrésil, le seigneur d'Escavalon et Gauvain s'entendent, il n'en reste pas moins qu'un temps Escalibur a eu bien du mal à maîtriser des fourches.

Alors que le château fort de Gornemant demeure un exemple isolé dans le *Conte du Graal*, on trouve plusieurs exemples de *viles* : en plus des deux déjà citées, on a la Carlion d'Arthur (v. 820 *sq.*, p. 50), Tintagel (v. 4813 *sq.*, p. 125 *sq.*), une autre encore sur la route de Gauvain (v. 6570 *sq.*, p. 162). Ce nombre est révélateur de l'intérêt du romancier : qu'il y ait là une manière de rendre hommage à Philippe d'Alsace, seigneur de tant de bonnes villes fortes, on peut le penser ; mais aussi que prend place ainsi, dans le roman de chevalerie, un lieu qui, pour lui, n'est ni d'origine, ni de rapport évident. Nous verrons à plusieurs reprises les réserves de Chrétien de Troyes vis à vis de ceux qui, de par leur état, portent les armes. On pourrait en avoir là une indication parmi d'autres.

Il reste à mentionner les châteaux merveilleux. Le château du Roi Pêcheur et celui des Reines entrent dans cette catégorie.

Le premier est assurément un château fort (v. 2988 *sq.*, p. 89). Le second en est un aussi, défendu par une large rivière, dûment fortifié (v. 7141 *sq.*, p. 174-175). Mais sa défense qui met en jeu des automates (v. 7434 *sq.*, p. 181), l'organisation intérieure qui fait appel à des enchantements – Gauvain fera l'expérience du Lit merveilleux, – prévus par un clerc astrologue, tout, jusqu'à un luxe plus féerique que somptuaire (par exemple v. 7596 *sq.*, p. 184), en fait une demeure étrange jusqu'à l'onirisme.

Cependant, plus que par les espaces, ce sont par leurs occupants que les châteaux merveilleux diffèrent de ceux qui ne le sont pas : le Roi Pêcheur et le vieux roi « pur esprit » dans le premier ; dans le second, l'infirme au pilon d'argent (v. 7564 *sq.*, p. 183-184), Ygerne, la reine morte, la présence en nombre égal de représentants de cinq générations d'hommes.

Que deux hommes soient les seigneurs du premier et trois femmes les dames du second les différencie évidemment l'un de l'autre, en même temps que les héros qui leur sont liés : Perceval au premier, Gauvain au second. Mais qu'en advenait-il ensuite ? Si Gauvain réintroduit au château des Reines l'élément masculin qui lui manquait, Perceval ramenait-il Blanchefleur au château du Roi Pêcheur pour le douer d'une valence féminine ?

D'autres passages du *Conte du Graal* pourraient faire l'objet d'une étude comparable : la *reverdie* initiale qui inclut dans la diégèse un motif dont la poésie lyrique avait fait une forme à traiter pour elle-même ; le rituel d'hospitalité récurrent dès lors que les héros voyagent, vont à l'aventure ou sont en quête ; la description du cheval, ici présent sous sa variante « en laideur » (v. 7072 *sq.*, p. 173), etc.

## 2 - LES APPRENTISSAGES DE PERCEVAL

### ■ L'enfant au Moyen Âge

Le terme de roman d'initiation parfois appliqué au *Conte du Graal* est discutable : Perceval n'y reçoit jamais un enseignement réservé qui lui donnerait accès à des mystères et l'agrégerait à une société dans la société. Mais c'est assurément un roman d'apprentissage(s), le seul que Chrétien de Troyes ait écrit.

L'époque contemporaine valorise à l'extrême l'enfance et la jeunesse. Il n'en est pas de même au Moyen Âge. Dans la réalité historique du temps, la durée moyenne de vie est beaucoup moins longue que la nôtre ; en revanche, on entre plus tôt dans la vie adulte par le travail (l'activité guerrière du chevalier en est un) sinon, toujours, dans la vie conjugale (l'âge moyen du mariage a beaucoup varié selon les époques et les milieux).

Cette entrée dans la vie adulte est perçue comme positive et souhaitable. Loin d'être charmé par les aspects nécessairement inachevés d'une personnalité enfantine, le Moyen Âge s'en méfie, voire méprise cette faiblesse du corps et de l'esprit demeurés en deçà d'une maturité qui, seule, met l'être humain en possession de tous ses moyens. Dominé par une nature non encore réglée par la *norreture* (= éducation), non élevé, l'enfant est facilement le jeu d'une démesure instinctuelle, déraisonnable, qui fait de lui une gêne pour les autres ; il est à la fois dépendant et envahissant. Le poète Rutebeuf (deuxième moitié du XIII^e^ siècle), dans un poème sur les difficultés de la vie conjugale, énumère les inconvénients d'avoir un nourrisson à la maison : il crie sans cesse en empêchant ses parents de dormir la nuit et de travailler le jour ; ses langes mis à sécher encombrent le logis qu'ils rendent aussi insalubre ; il accapare le temps et l'attention de sa mère, etc. Aussi, le seul enfant digne de considération, c'est le *puer senex* (litt. l'enfant vieillard), celui dont « la valeur n'attend pas le nombre des années » comme nous disons encore et, surtout, dont la sagesse est celle d'un adulte avant l'âge : le modèle religieux en est Jésus (Évangile, Luc, 2, 41-50) faisant, à douze ans, l'admiration des docteurs de la Loi pour sa connaissance des Livres saints et son intelligence à les commenter. On en trouve des exemples dans l'hagiographie (*Légende dorée*) et dans la littérature avec, en particulier, l'adolescent des chansons de geste qui veut être adoubé avant l'âge et dont le courage fait merveille sur les champs de bataille.

## ■ Les enfances du *vaslet sauvage*

Dans le *Conte du Graal*, Chrétien de Troyes introduit brièvement un personnage de petite fille avec la pucelle-aux-petites-manches, (v. 4914-5580, p. 127 *sq.*). Beaucoup plus longuement, il fait son héros d'un adolescent qui, lui non plus, n'a pas encore de nom. Face à l'*anfes*, le *vaslet sauvage* : si elle est en avance pour son âge, lui est en retard. Si l'un et l'autre peuvent être dits *nices*, c'est que leur comportement à tous deux n'est pas conforme à ce qu'on attendrait de leur âge.

Quel est celui de Perceval ? Chrétien de Troyes ne l'a pas dit et le terme de *vaslet* n'est guère explicite. Il est certain cependant qu'entre *messire* Gauvain – homme socialement établi et modèle reconnu de prouesse, de courtoisie et d'expérience – et le *vaslet*, il y a un écart d'une génération. Perceval est assez jeune pour pouvoir apprendre et progresser, assez aussi pour qu'aucun de ses désirs ne soit barré par une impossibilité due à l'âge.

*Nice, fol, sot, mal sené,* etc., la plupart de ceux qui ont affaire à lui, et le narrateur, le décrivent comme tel, qualifiant ainsi des paroles ou attitudes perçues comme décalées par rapport aux normes établies, qui agacent ou irritent, suscitant, de la risée à la violence, toute une gamme de réactions critiques qui vont jusqu'au rejet. Et certes, il y a de quoi.

Dans une société guerrière où le chevalier armé de pied en cap sur son destrier combat d'abord à la lance, Perceval est incapable d'identifier le bruit que font plusieurs cavaliers en armure chevauchant à travers la forêt. Il croit que la lance se lance, et doit se faire dire le nom et expliquer l'usage de l'écu ou du haubert (v. 180 *sq.*, p. 37). Il imagine même que l'équipement du chevalier pourrait être une sorte de carapace naturelle (v. 275 *sq.*, p. 39). Plus tard, lorsqu'il voudra récupérer les différentes pièces de l'armure du chevalier Vermeil, il s'en montrera incapable (v. 1080 *sq.*, p. 55), perdu dans tous ces liens et agrafes, prêt à revenir à son idée première : « J'aurais découpé ce mort en tranches de viande bonnes à griller avant d'avoir pu emporter une seule de ses armes. Elles adhèrent si bien à son corps que le dedans et le dehors ne font qu'un ». Si, à ce stade de son histoire, il connaît le terme de chevalier et veut en être un – sans savoir encore à quoi il aspire réellement en cela –, il l'ignorait même au début (v. 169 *sq.*).

Dans une société curiale qui se targue de courtoisie, qui se fait un idéal d'une conduite, polie pour le moins, généreuse pour le mieux avec les hommes et – surtout – les femmes du même milieu, Perceval ne semble même pas entendre les questions que lui posent les chevaliers, seulement soucieux de satisfaire sa curiosité, (v. 168-292, p. 36 *sq.*). Pourtant chapitré par sa mère, il embrasse de force une jeune fille et lui arrache un anneau qu'elle porte au doigt. Quand sa mère et la même jeune fille expriment le chagrin que sa conduite leur cause et, pour la seconde, le danger auquel elle l'expose, sans leur prêter attention, il réclame à manger sans être le moins du monde sensible à leur détresse. Il ne prête pas plus attention aux difficultés que connaît le roi Arthur (p. 50 et 52) et se comporte grossièrement à la cour.

Dans une société chrétienne où l'on apprend d'abord que Dieu, les anges et les démons sont des esprits, il prend des chevaliers en armes successivement pour des diables, pour des anges et même pour Dieu (v. 111-152, p. 35-36). En comparaison, qu'il prenne une tente pour une église a moins d'importance (v. 617 *sq.*, p. 45) ; mais cela contribue à donner une piètre idée de son intelligence et contribue à faire naître chez le lecteur un sourire que Chrétien de Troyes ne déteste pas produire à l'égard de certains de ses personnages.

Si les adjectifs péjoratifs (*nice*, *fol*...) commentent discours et comportements du héros, l'essentiel est de savoir d'où lui vient qu'il est ainsi. Est-il *nice* par nature ? Il serait alors un simple d'esprit, le plus souvent rendu comique par les manifestations de sa déraison aux yeux de ceux qui, eux, sont doués de (bon) sens, capable aussi de dangereuses violences : il brutalise la jeune fille à la tente et le romancier s'arrête à la suggestion d'un viol (v. 667-670, p. 46-47) ; il tue par surprise le chevalier Vermeil (v. 1065-1076, p. 57). Ou bien l'est-il par ignorance, par défaut d'instruction et d'éducation ? C'est poser la question des rapports entre l'inné et l'acquis, entre Nature et Culture, ou, pour employer les termes médiévaux, entre *nature* et *norreture*.

Différents personnages du roman défendent l'une ou l'autre thèse, et le romancier les a volontairement opposés les uns aux autres à plusieurs reprises, mais sans didactisme : il ne fait pas le compte-rendu d'une consultation médicale, ni une *disputatio* (= controverse) universitaire. Cette interrogation fait partie des éléments qui donnent un *san* à la *matiere* du roman.

Au tout début du récit, s'affrontent la version des chevaliers et celle de leur *maistre*. Les uns en appellent de façon obvie à un déterminisme géographique et de façon latente, à un déterminisme social. Pour eux, « les Gallois sont tous *par nature* plus sots que bêtes… Il en est un bon exemple. Il faut être fou pour faire attention à ce qu'il dit » (v. 237-240, p. 38). Mais il faut aussi tenir compte du fait que Perceval, monté sur son cheval de chasse avec ses javelots et son costume rustique (v. 463-468, v. 567-568, p. 43 et 44-45), ne peut être perçu par eux que comme un paysan, un *vilain*, c'est-à-dire un homme non seulement cantonné dans l'exercice de travaux littéralement abrutissants, mais aussi comme par nature dépourvu d'intelligence.

En revanche, le maître des chevaliers cherche d'autres explications à la conduite étrange du *vaslet* : la peur (v. 154 *sq.*, p. 36), une ignorance et une incompréhension liées à des usages différents.

Beaucoup plus développée mais présentant une structure comparable est la scène qui raconte le premier passage de Perceval à la cour d'Arthur. Là aussi, il multiplie comportements étranges et perçus comme grossiers, paroles d'une outrecuidance telle qu'elles peuvent raisonnablement apparaître comme celles d'un fou. C'est le sénéchal Keu qui appréhende ainsi la conduite du héros.

En revanche, le roi Arthur, équivalent du maître des chevaliers, s'il juge le jeune homme *nice*, pense qu'il peut cependant être *molt gentis hom* (= de noble famille) ; mais il n'a pas dû avoir un maître digne de ce nom qui l'ait élevé comme il faut (*...ce li vient d'aprison... vilain mestre*, p. 53). En ce cas, « il peut encore devenir sage et vaillant », si quelqu'un se charge de l'éduquer. À la fin du XII^e siècle, la classe chevaleresque tend en effet à se fermer sur elle-même et à s'appréhender comme une noblesse héréditaire déterminée par le sang, ce « bon sang qui ne saurait mentir », comme nous en avons gardé la formulation proverbiale. S'il est *gentis hom*, il ne peut être *nice* que par défaut d'éducation.

À ce stade de l'histoire, le lecteur sait que l'hypothèse d'Arthur est la bonne et que Perceval possède la nature (sociale, familiale) nécessaire pour devenir chevalier.

Chrétien de Troyes nous l'a laissé entendre dès le tout début du récit. Une des raisons d'être de la reverdie qui l'inaugure est de montrer la sensibilité de Perceval au spectacle du printemps (v. 84-88, p. 35). Dans les esprits du temps, seul un *gentis hom* est capable d'apprécier la beauté d'une nature que d'autres (par exemple les herseurs de la Veuve Dame) n'estimeraient que pour son utilité, sa fécondité. Quand le *vaslet* prend plaisir à écouter le chant des oiseaux, sans doute aussi quand il admire d'abord les chevaliers pour la beauté lumineuse de leur costume et l'éclat de leurs armes, c'est le sang noble du chevalier de naissance, mais seulement en puissance, qui parle en lui, à l'état de nature : il n'a en effet connu ni les chasses printanières à l'oiseau où dames et demoiselles accompagnent les chasseurs, ni celles des veneurs qu'elles accueillent au retour, et il en a encore moins vu les représentations imagées ou entendu lire les descriptions qu'enluminures et textes figurent si souvent.

Cela est évidemment corroboré par le long récit de la mère (v. 384-459, p. 41-42) qui s'adresse peu à son fils (il ne l'écoute pas !) et beaucoup au lecteur. L'essentiel est dit au premier vers : « Chevalier, vous auriez dû l'être ». Tout le propos ancre fortement le fils survivant dans une double ascendance – celle du père ; celle de la mère, et elle y insiste, – et dans une fratrie – les deux frères aînés – de chevaliers. Là aussi s'affichent la fierté du lignage chevaleresque et, corollairement, le mépris pour les autres, qui s'opposent dans le couple fondamental de valeurs formé par l'honneur et la honte.

Pourquoi donc Perceval n'a-t-il pas été préparé à devenir chevalier ? C'est Dieu qui en est responsable, dit la mère, façon de s'innocenter elle-même. La nature d'un être n'étant que la concrétisation de la volonté divine, aller à l'encontre de son accomplissement n'est pas licite à l'homme. En fait, c'est bien elle qui a décidé et agi. Les malheurs subis que Chrétien de Troyes évoque non sans pathétique, l'amour porté à son dernier fils (il y insiste au point de l'en faire mourir) peuvent expliquer sa conduite mais pas la justifier, et l'issue de sa relation avec Perceval la condamne : elle voulait l'empêcher d'être chevalier, il le sera ; elle voulait le garder en vie pour lui et auprès d'elle, il vivra loin d'elle et elle le perdra, non par sa mort à lui mais par sa mort à elle.

Il faut donc en revenir à l'hypothèse du « mauvais maître » mise en avant par le roi Arthur. En quoi sa mère a-t-elle mal agi en tant qu'éducatrice ?

L'idée de le maintenir à l'écart de toute connaissance, et, *a fortiori*, de toute pratique de la chevalerie a entraîné des conduites qui ont porté atteinte au développement de l'enfant non seulement en tant que futur chevalier mais aussi en tant que futur adulte de sexe masculin, voire en tant qu'être humain. Il n'en a pas pour autant été tenu à l'écart de tout apprentissage, de toute activité, de toute fréquentation, de toute connaissance : rien à voir avec ces enfants sauvages dont les légendes, parfois relayées par les faits divers, veulent nous persuader que, de Romulus et Rémus à Tarzan, ils ont été élevés par une louve ou des singes.

Il sait monter à cheval et le fait assidûment, chasser avec ses javelots et même se servir d'une épée (il dira s'y être exercé par ses propres moyens, v. 1488-1492, p. 62).

Les ouvriers agricoles du domaine (les herseurs qui apparaissent au début du récit), et les servantes du manoir (les *chambrieres* qu'il a embrassées, v. 687-690, p. 47) constituent un environnement humain quelque peu distant mais qui a empêché sa vie d'être un solitaire tête-à-tête avec le personnage dominant de la mère.

Il a reçu des éléments d'instruction religieuse : il connaît l'existence de Dieu, des anges et des diables ; et la présentation qui lui en a été faite (« les anges sont ce qu'il y a de plus beau au monde, Dieu excepté qui est plus beau que tout », v. 138-139 ; les diables sont « ce qu'il y a de plus effrayant », v. 112, p. 45-46), pour être imagée, n'en est pas moins d'une catéchèse pertinente. Faire le signe de croix pour se protéger du démon (v. 113 *sq.*, p. 35), prier Dieu en se prosternant et proclamer sa foi en Lui par la récitation du credo (v. 150-152, p. 36) sont des pratiques d'un chrétien bien formé. Quant à une foi résumée par « croire en Dieu qui doit vous sauver et l'adorer » (v. 145-146, p. 36), c'est un condensé insurpassable de brièveté et d'exactitude. Quand, bien plus tard, Perceval arrivera chez l'ermite, celui-ci ne fera guère que développer ce thème.

L'enfant de noble lignée reste entre les mains des femmes jusqu'à l'âge de sept ans. Après quoi, il passe entre celles des hommes; il est alors pris en charge, parfois par le père et par les autres hommes de la maisonnée, mais plus souvent par un oncle (maternel, dans la tradition celtique), par le seigneur de son père, plus rarement par un de ses vassaux, voire par ce seigneur supérieur qu'est le roi. Il en est de même à plus forte raison quand l'enfant est orphelin de père, comme ce fut, par exemple, dans le roman, le cas de Mélianz de Liz (v. 4775-4778, p. 125). Or, Perceval a au moins deux oncles (l'ermite et le vieux roi du château du Roi Pêcheur) et un cousin plus âgé que lui, le Roi Pêcheur. Plutôt que d'avoir recours à eux ou que de l'envoyer à la cour d'Arthur, finalement bien proche du manoir, la Veuve Dame a préféré le garder auprès d'elle et être sa seule éducatrice. On ne voit là aucune figure, féminine ou masculine, d'autorité ou de compagnonnage, proche de Perceval: pas de *maistre* pour lui enseigner les armes, pas de prêtre, pas de compagnons de son âge, pas de cour où l'enfant, puis l'adolescent se familiarise avec le monde des adultes, participant, comme il est d'usage au service de la table seigneuriale, regardant et écoutant, apprenant les jeux de société, ceux des regards et des discours, entrant dans une vie de relation où il doit trouver sa place et respecter celle des autres.

Bien plus que le maniement de la lance et la pratique de l'équitation militaire ou que la connaissance de l'architecture religieuse, c'est toute cette socialisation, indissociablement chevaleresque et courtoise, qui lui a manqué, avec l'expérience d'une échelle hiérarchique où se situer par rapport aux autres au sein d'un univers de relations sociales – du nouveau chevalier au roi en passant par le chevalier d'âge et de renom et par le vavasseur, ou par ceux que l'on appelle messire, les principaux officiers royaux – courtoises – celles d'une cour où se côtoient seigneurs et dames ou pucelles –, personnelles – c'est là qu'on rencontre le compagnon ou l'amie –, voire religieuses – églises et moûtiers sont les maisons où l'homme en assemblée, et non pas seul dans la forêt, vient adorer Dieu et Lui rendre un culte commun.

La Veuve Dame s'est donc arrogé à elle-même un rôle qu'elle aurait dû partager avec d'autres, le temps passant : c'est la raison pour laquelle Gornemant recommandera à Perceval de ne plus aller répétant : *Ce me dit ma mere*. Elle n'a pas joué son rôle d'éducatrice qui était de préparer le départ (*e-ducere* : conduire dehors) de l'enfant, d'utiliser la *norreture* pour le faire sortir de l'état de *nature*. Elle n'a pas vraiment sevré (= séparé) d'elle son fils. C'est pourquoi, il a toujours des comportements d'adolescent, voire d'enfant, alors même que Chrétien de Troyes a soigneusement évité de l'appeler l'*anfes*. D'une part, ce qu'elle lui a enseigné demeure, on le voit dans l'épisode initial des chevaliers et dans ses premières aventures, la seule grille de lecture à laquelle il se réfère. D'autre part, et surtout, il est lui-même le centre de son univers, n'ayant en vue que la satisfaction de ses désirs. L'autre ne l'intéresse que dans la mesure où il peut les satisfaire : les chevaliers ou le charbonnier du moment qu'ils répondent à ses questions, sa mère et la jeune fille à la tente parce qu'elles lui procurent de la nourriture et, pour la seconde, le plaisir des baisers, le roi Arthur parce qu'il pourrait le faire chevalier.

Cette satisfaction n'est liée qu'à son contentement personnel et n'inclut pas la dimension de l'échange et du don, ni la considération d'autrui : il est même prêt à la violence pour obtenir ce qu'il veut : violence verbale avec sa mère, physique avec la jeune fille à la tente. Leur douleur pourtant très visible le laisse indifférent et l'idée qu'un baiser se donne mais ne se prend pas lui est étrangère. Cette satisfaction doit être immédiate, car, comme pour un enfant encore, seul maintenant compte pour lui et demain ou plus tard sont des notions qu'il n'intègre pas vraiment : d'où, entre autres, la précipitation – aux yeux d'un adulte – d'un départ qui s'accommode à grand peine des quelques jours nécessaires à son équipement (v. 470-471, p. 43). Elle est celle de désirs (manger, embrasser) qui traduisent une appréhension du monde fondée sur l'exercice des sens : il veut être chevalier, fasciné qu'il est par le brillant apparat de ceux qui le sont, mais il n'a, en fait, aucune notion de ce que signifie « être chevalier ». Il est, enfin, incapable d'une pensée abstraite : Dieu, les anges et les démons, il ne se les représente qu'avec les yeux du corps.

## ▪ Nature et Culture : les acquisitions nécessaires

### *Conditions et modes de l'apprentissage*

Perceval aura trois bons maîtres : sa mère car, à partir du moment où elle accepte que son fils la quitte, il n'y a pas de raison de considérer que ses conseils ne soient pas recevables ; Gornemant de Goort, le vavasseur qui le fera chevalier ; l'ermite, son oncle, qui trouvera finalement le rôle d'éducateur qui aurait dû lui revenir plus tôt.

Une femme, deux hommes. La mère est la première éducatrice de l'enfant ; Chrétien de Troyes ne lui conteste nullement ce rôle et ne la cantonne pas dans une fonction de nourrice ou d'assistance maternelle. L'accent sera plutôt mis sur les conseils de comportement qu'elle lui donne.

Deux hommes : la dominante masculine est normale pour un garçon. L'un d'eux est un chevalier : qui, mieux que lui, pourrait enseigner au néophyte les techniques et valeurs de son futur état? L'autre est un homme d'Église : ermite, donc porteur de l'aura de piété qui, dans les chansons de geste et les romans, entoure ses semblables plus que les séculiers et les moines; prêtre, donc habilité à réintégrer dans l'Église, par les sacrements de pénitence et d'eucharistie, un héros qui s'en était cinq ans éloigné.

Deux membres de la famille : la mère, un oncle. Bien que l'ayant privé de père et de frères, puis de mère, Chrétien de Troyes n'a pas voulu faire de Perceval un homme sans famille, et il lui en a fait rencontrer d'autres membres, un autre oncle, un cousin, une cousine. Pour être accepté par le public du XIIe siècle, comme héros de roman et comme chevalier, le *nice* Perceval avait bien besoin de cet ancrage traditionnel et rassurant.

Y a-t-il lieu de voir une progression de la mère au vavasseur, puis à l'ermite? Les trois séries de conseils touchent aux mêmes domaines, mêlant le profane au religieux, voire se répétant l'une l'autre. Leur réitération peut parfois exprimer l'approfondissement d'une question déjà abordée. Elle est aussi en elle-même un mode d'apprentissage – tout pédagogue sait qu'il doit se répéter s'il veut être entendu – lié à la compréhension progressive qu'en aura le destinataire et, donc, à l'application qu'il pourra (ou ne pourra pas) en faire.

En effet, l'hérédité et les maîtres ne font pas tout. L'élève doit aussi être pris en compte. L'ignorance n'est pas seulement liée à l'absence d'enseignement, mais aussi à celle de pratique : il ne suffit pas d'avoir vu faire une fois pour savoir faire, ou d'avoir entendu une fois pour avoir compris et pour être capable de mettre en œuvre. Il faut donc du temps au maître et à l'élève. Gornemant estime qu'avec Perceval il en manque : il aimerait le garder un mois, voire un an, considérant que le temps serait bien rempli (v. 1530 *sq.*, p. 62). Il faut aussi à l'élève de l'application, donc le temps pour essayer, se tromper, se perfectionner. La mère insiste sur ce qui manque en ce domaine à son fils : pour apprendre, dit-elle, il faut avoir vu faire ou entendu dire à plusieurs reprises et avoir fait par soi-même (v. 482-490, p. 43). En bon maître, Gornemant commence par se mettre en selle la lance au poing, pour montrer à Perceval les gestes de la joute et il lui en fait une triple démonstration, avant de les lui faire reproduire à plusieurs reprises à son tour (v. 1464-1647, p. 60).

Par la bouche de Gornemant, Chrétien de Troyes récapitule aussi toutes les qualités et dispositions dont doit faire preuve l'élève pour progresser : « Pour tout métier, il faut du goût, de l'effort et de l'habitude » (*cuer, paine et us*, v. 1415). « On peut apprendre ce qu'on ignore si on veut s'en donner la peine et faire attention » (v. 1411-1412, p. 60-61). L'ignorant n'a pas de honte à l'être si on ne lui a pas montré comment il doit s'y prendre ni donné l'occasion de le faire. Mais c'est aussi une pédagogie de l'effort : à partir du moment où l'élève est mis en situation d'apprendre, il y aurait honte pour lui à n'en pas profiter. Cependant, ajoute Chrétien de Troyes, la Nature facilite la tâche (v. 1430-1434, p. 61). Cette nature est ici à la fois celle d'un garçon de noble famille et d'un personnage héroïque : « il a de qui tenir », comme nous dirions, mais il est aussi le plus beau fleuron de son lignage : le Perceval ignorant et maladroit du début, mais doué et désireux de réussir, a tout pour devenir le héros de l'histoire.

On remarquera pour finir le rôle unique joué par les relations de personne à personne dans la transmission des savoirs et des codes de comportement, ainsi que dans l'enseignement des valeurs. Pas de livre – on peut s'en étonner de la part d'un clerc comme Chrétien de Troyes –, pas non plus d'apprentissage en groupe – il est vrai que l'âge de Perceval n'y prête pas. La civilisation féodale, dans son organisation politique et sociale, repose, surtout en domaine de langue d'oïl, non sur des contrats écrits mais sur la coutume et la parole donnée qui fait foi. Cet état de fait se reflète dans le mode d'enseignement réservé à Perceval qui même s'il faut non seulement reproduire des gestes appris mais exercer son jugement pour déterminer les conduites bonnes à tenir, revêt toujours un caractère pratique en ce qu'il s'agit d'apprendre à vivre avec les autres, et avec Dieu.

## *Contenus et mises en œuvre des apprentissages*

### L'apprentissage des armes et de l'éthique du combat

L'apprentissage des armes est de beaucoup le plus facile, dans la représentation qu'en donne Chrétien de Troyes, celui que Perceval effectuera avec le plus de rapidité et qu'il n'aura aucun mal à mettre en œuvre. C'est presque un cas d'école où l'on voit fonctionner à la perfection les paramètres énoncés.

L'apprentissage de l'équitation militaire, en particulier l'usage de l'étrier et de l'éperon que Perceval ignore, ainsi que du maniement de la lance, ira donc au plus vite littéraire (v. 1420-1471, p. 60-61). Quant à celui de l'escrime à l'épée, le romancier en a fait faire l'économie à son héros qui en maîtrise déjà mieux que des rudiments (v. 1472-1493) : l'épée n'étant pas réservée aux chevaliers, il n'y avait pas de raison pour que sa présence et son usage aient été proscrits au manoir. Il n'en reste pas moins vrai que le rite central de l'adoubement est la remise de l'épée, et Gornemant le dira à Perceval. [Il lui a] « conféré avec l'épée l'ordre le plus élevé que Dieu ait créé » (v. 1592-1594, p. 64) ; c'est, elle qui, symboliquement fait le chevalier.

L'éthique du combat chevaleresque fait aussi partie des enseignements de Gornemant. Elle se résume à la pratique de la *merci* : on n'achève pas un vaincu, ce serait *vilanie* (= une conduite antinomique de la courtoisie).

Dorénavant, Perceval fera don de la vie à tous les adversaires qu'il aura mis hors de combat, c'est-à-dire à tous ceux qu'il affrontera pour un enjeu mortel : Aguingueron, Clamadieu et l'Orgueilleux. Là, Chrétien de Troyes, loin de faire vite, s'attarde à détailler ces scènes réitérées : v. 2176-2292, p. 74-76, 2622-2673, p. 82-83, 3864-3931, p. 105-106, soit pas moins de 230 vers auxquels il faudrait ajouter ceux qui racontent comment les vaincus s'acquittent des conditions que leur a imposées leur vainqueur.

En effet, la démarche de Perceval va plus loin que le don de la vie prôné par Gornemant. Chrétien de Troyes montre l'évolution de son héros. Celui-ci commence par refuser la merci à Aguingueron qui la lui demande pourtant dans les formes ; il lui faudra un temps pour qu'il se souvienne du conseil du vavasseur et la lui accorde (v. 2176-2208). Mais quand les gens de Blanchefleur commencent à lui reprocher sa clémence envers Aguingueron, il s'en justifie (« Je ne vaudrais pas grand chose/si je ne lui avais fait grâce/dès l'instant que j'ai eu le dessus », v. 1288-1290). Avec Clamadieu, il n'y a plus besoin de discussion, pas plus qu'avec l'Orgueilleux : la mise en pratique de l'injonction a été assimilée.

Mais le conseil de Gornemant n'a fait que tracer un cadre très général. Ses modalités d'application donnent aussi lieu à de très longs développements. D'abord, le vainqueur trouve son intérêt à faire *merci*. Ce qu'Aguingueron explique à Perceval, et qui est particulièrement vrai pour un jeune chevalier dont la réputation de prouesse n'a pas encore eu le temps de s'affirmer, l'est peu ou prou dans tous les cas : dans la quête de gloire personnelle du chevalier, quel meilleur garant qu'un vaincu témoignant de sa défaite et proclamant le nom de son vainqueur ?

Ensuite, le vaincu a le droit d'obtenir certaines sûretés : Aguingueron refuse d'être remis aux gens de Blanchefleur ou à Gornemant parce que, leur ayant nui, il aurait à craindre leurs représailles. Perceval demande donc à Aguingueron d'aller à la cour du roi Arthur se constituer prisonnier auprès de la pucelle-qui-ne-rit, celle qui avait, il y a peu, parlé en faveur du *nice* et s'était fait gifler par Keu. L'accord est positif pour les deux : Aguingueron a vraiment la vie sauve ; Perceval se montre courtois et reconnaissant envers la pucelle, l'authenticité de sa prouesse est signifiée à celui qui s'était moqué de lui et en présence de tous ceux qui avaient assisté à la scène.

À Clamadieu, l'agresseur injuste de Blanchefleur, il imposera l'engagement de libérer tous les prisonniers faits au cours du conflit, de ne plus jamais attaquer la jeune fille et de se comporter comme son allié si quelqu'un d'autre s'en prenait à elle. Il ne s'agit donc plus seulement de la vie ou de la mort de l'adversaire mais de faire droite justice et paix durable. La *merci* se prolonge en une réharmonisation politique des communautés troublées.

Enfin, l'Orgueilleux devra cesser de maltraiter son amie et confesser à la cour les torts qu'il a eus à son égard : c'est faire en sorte de ramener la concorde à l'intérieur du couple par l'aveu public de la faute et par sa réparation.

Quant au choix de la cour d'Arthur, il témoigne de l'importance de celle-ci comme centre de la vie courtoise, sociale et politique. Il est aussi une façon d'accroître cette importance. Perceval devient ici tout le contraire du *nice* qu'il était. Il pense toujours à lui, se montrant soucieux de sa gloire et de l'opinion d'autrui ; mais, en cela déjà, il a progressé : auparavant s'il ne se préoccupait pas de cette opinion, c'était par indifférence aux autres. Maintenant, il se soucie d'eux, pour lui mais aussi pour eux-mêmes, non seulement en accordant la vie à des vaincus, mais en réparant les torts qu'il a commis et en faisant réparer les leurs aux autres. Enfin, la considération de la cour et du roi le montre capable d'appréhender l'existence de communautés vastes, au-delà de la relation de personne à personne, et d'œuvrer, sous leur garantie, à l'instauration de la justice et de la paix dans le royaume.

**Les « bons conseils » et leur mise en œuvre**

Successivement, la mère (v. 491-562, p. 43-44), Gornemant (v. 1606-1646, p. 64) et l'ermite (v. 6365-6397, p. 158) donnent des conseils à Perceval.

Les conseils concernant le comportement avec les femmes sont le fait de la mère, de Gornemant et de l'ermite.

La Veuve Dame mentionne d'abord le nécessaire service des dames et demoiselles qui ont besoin d'aide, parce qu'elles n'ont pas la force de se défendre. On s'honore de répondre à leurs demandes de secours, et on se conduit donc en *vilain* encourant la honte, en ne mettant pas la force virile au service de la faiblesse féminine (v. 497-504).

Mais ce qui est le plus longuement et concrètement développé concerne la relation amoureuse (v. 507-556). La mère préconise une conduite discrète qui fait dépendre la satisfaction de l'amoureux du consentement de celle à qui il adresse sa demande. Les premières aventures de Perceval le montrent incapable d'appliquer cette règle, non par mauvaise volonté, mais parce qu'il ne l'a pas comprise. La première marque qu'il en donne, la plus grave puisqu'elle aura une conséquence irréparable, c'est de partir sans revenir en arrière un moment quand il voit sa mère s'effondrer, « évanouie comme si elle était morte ». Bien que – et pour cause ! – elle ne l'appelle pas à l'aide, c'est elle la première *dame qui d'aïe ait besoig* (v. 497, p. 43) qui se trouve sur son chemin. Et il cause sa mort en ne venant pas à son secours.

Quant à la rencontre avec la jeune fille à la tente, elle est construite pour démontrer son incompréhension. Certes, il la salue « comme ma mère me l'a appris » (v. 647, p. 46), mais en pénétrant à cheval à l'intérieur de la tente, ce qui a pour don de l'effrayer considérablement ; pour le reste, il l'embrasse de force et lui arrache son anneau : « Cet enseignement vient de ma mère », affirme-t-il. Il n'a retenu que ce qui l'intéressait (le plaisir des baisers, la possession de l'anneau) mais le fait que ces présents doivent être donnés n'a laissé aucune trace dans un esprit demeuré dans l'ignorance de la conscience d'autrui. Loin de venir en aide à la demoiselle, il sera à l'origine de son malheur.

Sa conduite est assez comparable à la cour d'Arthur, (p. 52-53). Cependant, immédiatement après, la conduite de Perceval, et d'abord sa conscience des choses et des êtres, change. Quand il a vaincu le Chevalier Vermeil, il fait dire par Ivonet à la pucelle-qui-ne-rit qu'il la vengera de Keu (v. 1145-1153, p. 56). Les autres se mettent donc, pour lui, à exister en eux-mêmes et pas seulement dans la mesure où ils peuvent lui apporter quelque chose ; il pense non plus seulement à prendre, mais aussi à donner. Au lieu d'être clos sur lui-même et sur la prise, le monde du *nice* s'ouvre sur l'échange.

Gornemant reprendra presque terme à terme les conseils de la mère sur l'aide que les femmes sont en droit d'attendre des hommes (v. 1615-1620, p. 64), mais non ses leçons de conduite amoureuse.

La rencontre de Blanchefleur montrera que, maintenant, Perceval sait se conformer aux conseils donnés. Il comprendra que les confidences douloureuses de la jeune fille sont une façon de requérir son aide et il acceptera de risquer sa vie pour elle (v. 2054 *sq.*, p. 72).

Dans l'ordre de la conduite amoureuse, s'il n'est pas question d'aumônière ou d'anneau, baisers et caresses sont une fête mutuelle (v. 2005-2007, v. 2514-2517, v. 2571-2577, v. 2850-2853, p. 71 *sq.*). Qu'en a-t-il été du *soreplus*? Fidèle aux enseignements de sa mère, Perceval s'est-il interdit de le demander? Le silence de Chrétien de Troyes est-il une façon de se conformer à la règle courtoise qui veut que l'amour ne garde toute sa valeur qu'à la condition de rester secret? La scène des trois gouttes de sang sur la neige (v. 4096 *sq.*, p. 110-111) où celui de l'oie blessée peut être aussi celui de l'hymen évoque-t-il celui d'une défloration, accomplie ou non? Chrétien de Troyes en avait-il eu l'idée? Les commentateurs n'ont jamais pu en décider. Il est en tout cas certain que la relation amoureuse qui unit Perceval et Blanchefleur ne laisse aucune place à la contrainte et qu'en cela elle est conforme aux enseignements de la Veuve Dame.

On a donc d'abord un exemple de tort irréparable (Perceval cause la mort de sa mère), deux exemples de torts réparables et réparés (la jeune fille à la tente, la pucelle-qui-ne-rit), un où Perceval se conduit comme il le doit mais où l'accomplissement du devoir s'accompagne indissociablement de la joie qu'il prend à l'amour de Blanchefleur. Or, Gornemant ne mentionne plus cet aspect des choses. On peut dire que la rencontre de la jeune fille affligée (celle dont l'ami a été décapité) faite par Perceval au sortir du château du Roi Pêcheur, est l'occasion de présenter un cas de figure construit comme faire-valoir de l'enseignement du vavasseur. De celle-ci, le héros n'a rien à escompter. Il n'attend pas qu'elle s'adresse à lui, contrairement à ce qui se passait avec Blanchefleur ; c'est lui qui va au devant d'elle et lui propose son aide (v. 3392-3401 et v. 3569-3575, p. 96 et 100).

Enfin, l'ermite a lui aussi son mot à dire (v. 6391-6394, p. 158). On ne sera pas surpris que la considération de l'amour dans sa dimension courtoise, déjà éliminée par Gornemant, ne soit pas reprise. En revanche, l'homme d'Église emploie un vocabulaire aux inflexions religieuses, absentes chez ses prédécesseurs (***aumosne enterine***: « un acte de pure charité », v. 3694 ; et même, ce sera « un acte de satisfaction pour tes péchés, afin que tu retrouves la grâce de Dieu », v. 6394-6396) pour parler de l'aide apportée aux femmes. Si les actes restent les mêmes, il n'est plus question de ces fins profanes que sont la gloire et l'amour de la femme. Il s'agit de faire pour Dieu ce qu'on faisait d'abord pour soi et pour autrui. Le service de la femme devient aussi service de Dieu et instrument du salut.

Quelle place pouvait revenir à Blanchefleur dans ce schéma ? Le héros donnait-il à partir de là une inspiration différente à ses rencontres féminines ? Une fois de plus, l'inachèvement du roman empêche de répondre. Mais il est certain qu'une évolution s'esquisse du plus mondain au plus spirituel. Est-elle corroborée par l'étude des conseils donnés à Perceval pour sa conduite religieuse ?

Chrétien de Troyes n'a pas réservé à l'ermite le monopole en matière de conseils concernant la vie religieuse ; avant lui, les deux laïcs ont voix au chapitre et tiennent un discours d'autorité.

Celui de la mère (v. 533-560, p. 44) comporte deux éléments : l'un, plus concret, recommande des gestes de piété (fréquenter les églises, y prier) ; l'autre, à partir de la description-définition de ce qu'est une église, présente un très rapide résumé du credo chrétien, centré sur la vie et la mission salvatrice du Christ.

À nouveau, Perceval se montre désireux de suivre les conseil donnés mais, à la méprise initiale qui lui avait fait prendre des chevaliers pour des diables ou des anges, et un homme pour Dieu lui-même, il confondra tente et église et, s'apprêtant à prier Dieu dans l'une, il rencontrera une jeune fille dans l'autre, – et c'en sera fait pour un moment de ses pieuses pratiques.

La description du château de Gornemant ne mentionne aucune chapelle et c'est seulement au moment de l'adoubement que le vavasseur fait une place à Dieu dans ses propos en présentant « l'ordre de chevalerie » comme « le plus élevé que Dieu a créé et ordonné ». Du coup, le précepte de servir cet ordre *sanz vilenie* (= sans bassesse) prend une dimension nouvelle, mais qui reste à l'état d'indication rapide. Ses conseils religieux (v. 1621-1628, p. 64) reprennent ceux de la mère… comme Perceval le lui fera remarquer. Les appliquera-t-il de façon plus judicieuse ?

L'épisode de Beaurepaire semblerait ne pas y prêter mais c'est tout le contraire qui se produit : Chrétien de Troyes, qui s'entend à frustrer son lecteur, sait aussi le surprendre. Le départ de Perceval, entouré de manifestations religieuses et les propos qu'il tient alors (v. 2878-2913, p. 87) font émerger dans le récit et dans la conscience du héros une tonalité et une disposition pieuses qui sont nouvelles.

Mais cette orientation ne se prolongera pas de façon linéaire : après son passage par le château du Roi Pêcheur, puis celui par la cour d'Arthur, la chevalerie guerrière de Perceval ne connaît plus d'obstacles capables de l'arrêter (v. 6151-6158, p. 153). De même que Chrétien de Troyes abrégeait le récit de ses premiers combats, il ne consacre pas plus de huit vers à cinq ans d'exploits, mais souligne que, pendant ces cinq ans, jamais plus son héros n'est entré dans une église pour y adorer Dieu (v. 6144-6149, p. 153) ; il y a donc là une totale régression, bien en deçà même de ce que faisait le *nice vaslet* du manoir (à qui la pensée de Dieu et la prière étaient familières) et qui, dans les premières étapes de son chemin, entrait volontiers dans (ce qu'il pensait être) une église.

La réitération des conseils religieux se justifie donc entièrement. Ils occupent une partie importante des 300 vers qui sont consacrés à la dernière séquence où intervient Perceval : si l'on tient compte des propos des pèlerins (v. 6125-6256, p. 154-155), de ceux de l'ermite, de ses entretiens avec le héros et du récit des pratiques pieuses, puis sacramentaires, dans lesquelles il l'engage (v. 6259-6433, p. 155-159), c'est en fait la totalité de l'épisode qui a (et n'a que) valeur religieuse. Les éléments de retour sur le passé et de conseils pour l'avenir qu'il comporte intègrent eux-mêmes cette préoccupation ; c'est alors que le *graal* est dit être cette *tant sainte chose* (v. 6353, p. 157) chargée d'une hostie qui suffit à la nourriture du vieux roi dont la sainteté a quasiment fait un pur esprit, c'est alors que le silence de Perceval devant le cortège est présenté comme dû à son état de pécheur ; et si c'est la seconde fois que la mort de sa mère, qu'il a causée, est assimilée à un péché, c'est la première fois qu'on lui parle d'en faire pénitence (v. 6316 *sq.*, v. 6358-6359) ; c'est alors que le secours apporté aux veuves et aux orphelines dans le besoin devient geste de charité (*aumosne enterine*, v. 6394).

La liste des injonctions de l'ermite, en lui faisant attendre *honor* sur terre et *paradis* dans le ciel (v. 6384, p. 158), au prix d'une profession de foi d'une orthodoxie très simple, de pratiques pieuses et de bonnes actions adaptées à sa vie de chevalier et de laïc, ne font-elles que répéter à Perceval ce qui lui avait été dit auparavant et qu'il avait oublié ? Avec en plus, bien évidemment, l'autorité d'un homme d'Église qu'une femme et un vavasseur ne pouvaient revendiquer ? On note au contraire des modifications.

Si, dans le domaine de la chevalerie militaire, Gornemant avait à la fois montré et fait faire, si dans le domaine de la courtoisie amoureuse, la mère avait parlé et Blanchefleur fait faire, avec cette pédagogie qui vérifie par la pratique l'assimilation des enseignements, rien de tel n'avait jusqu'alors eu lieu dans le domaine religieux.

Or, l'ermite, non content de donner des leçons à Perceval – et c'est sa tâche d'*orator* de porter à un laïc la parole de Dieu – lui fait aussi mettre en pratique ses enseignements : il va refaire de lui un chrétien croyant et pratiquant, pour reprendre deux termes encore usités de nos jours. À ses côtés, il le fait assister au service divin, le fait jeûner : c'est à la fois pénitence pour ses péchés et commémoration de la Semaine sainte (v. 6429-6431, p. 159). Il le fait participer aux sacrements – c'est la première fois qu'il en est question dans le roman –, le confesse (v. 6286 *sq.*) et le communie le jour de Pâques (v. 6432-6433). La *reverdie* chevaleresque au début du roman a donc pour symétrique ce printemps spirituel du héros.

Le second changement concerne la façon dont lui sont présentés les conseils de piété. Dans les discours de sa mère et de Gornemant, il était question de pratiques ponctuelles ; la relation entre foi, adoration de Dieu et salut d'une part, et les autres éléments de la vie qui étaient objets de conseil (combats, service des dames) n'apparaissait pas. On a vu Perceval combattre pour bien des motifs, du plus égocentrique au plus désintéressé, mais la considération de Dieu en était absente.

C'est précisément cette dimension que Perceval est ici appelé à donner à sa vie de chevalerie : tout l'épisode est l'explication de l'ultime formule de Gornemant sur la chevalerie comme ordre créé par Dieu.

La démonstration lui en est d'abord faite par l'exemple des pèlerins, trois chevaliers et dix dames (v. 6168 *sq*., p. 154-155). Les chevaliers rappellent ceux que Perceval avait rencontrés au tout début du récit, les dames font que tout ce qui suit sera perçu à la fois comme concernant le milieu social de Perceval (il n'y a pas là de gens d'Église ; ni de bourgeois ou de paysans bien sûr) mais comme dépassant non seulement sa personne mais son sexe. Si leurs propos, puis ceux de l'ermite, s'adaptent au héros masculin qu'il est, la représentation de la vie selon Dieu inclut les deux sexes et renouvelle fondamentalement la place des femmes. Cela sera corroboré quand l'ermite exposera au héros que, seules, les prières de sa mère l'ont, dans son temps d'oubli de Dieu, préservé de la mort (v. 6328-6334, p. 157). Si, dans l'ordre de la chevalerie « terrienne », comme l'appellera plus tard, la *Queste del Saint Graal*, seul le chevalier qui a la force physique peut suppléer à la faiblesse de la femme et la protéger, si seul il peut faire régner le droit et la justice, dans le domaine spirituel – chez Chrétien de Troyes, il n'est pas encore question de chevalerie « célestielle » –, les rapports peuvent s'inverser : par delà la mort même, la prière s'avère plus forte que les armes et une femme plus efficace qu'un chevalier, afin d'instaurer un ordre lui aussi autre, car il s'agit alors de compassion et de charité. Il est arrivé à Perceval d'agir de façon désintéressée, mais pour réparer une injustice qu'il avait commise ; sa mère prie, elle, pour le fils responsable de sa mort.

Les pèlerins enseignent aussi au héros un temps qui n'est pas scandé par les aventures et les exploits, mais qui prend sens par rapport à la vie du Christ : on est le Vendredi saint, « le jour de la mort du Christ » (v. 6186 *sq.*), rappellent-ils à un Perceval qui a perdu toute notion du temps. Ils ne vont pas le réorienter en lui parlant du printemps – il n'y a que quelques semaines d'écart entre le temps de la *reverdie* initiale, peu avant l'Ascension, et celui de cette avant-veille de Pâques –, mais en lui parlant d'un calendrier où les dates qui comptent sont celles de la mort et de la résurrection du fils de Dieu : l'épisode, commencé le Vendredi saint, s'achèvera le jour de Pâques.

Alors que, depuis cinq ans, Perceval porte quotidiennement les armes et que ses victoires (soixante en ce laps de temps) constituent les marques d'un calendrier humain à son seul usage, les dames manifestent leur étonnement à le voir armé un Vendredi saint et le chevalier lui rappelle qu'en ce saint jour il ne convient pas d'arborer les armes d'une chevalerie qui, pour le moins, s'expose à tuer ; et l'on pense à la formule de la Veuve Dame : « Tu as vu, je crois, les anges dont les gens se plaignent/ceux qui tuent tout ce qu'ils atteignent » (v. 370-372, p. 41).

Il y a déjà longtemps, en cette fin du XIIe siècle, que l'Église tente de limiter le déploiement des guerres féodales entre chrétiens par les coutumes de la paix et de la trêve de Dieu qui multiplient les jours et périodes de l'année où il était interdit de porter les armes. Cela allait bien au-delà de la trêve pascale invoquée ici par les pèlerins et englobait plusieurs jours de la semaine (tous les dimanches, voire du vendredi après-midi au dimanche soir, les veilles et jours de certaines grandes fêtes) et des temps plus longs comme l'Avent, le Carême, etc. C'est à ces pratiques, sans cesse préconisées et prêchées à défaut de pouvoir toujours être imposées, que se réfère le discours des pèlerins.

Ce dont Perceval est sommé de prendre conscience, c'est que tous les actes de sa vie ont un sens religieux, ou sont des non-sens religieux. On fait son salut en s'abstenant de porter les armes, en faisant pénitence pour ses péchés : par la marche physiquement pénible des pèlerins, par le jeûne et l'assistance aux offices comme l'ermite le fera faire à Perceval, par l'honneur rendu aux prêtres, par l'aide aux dames déshéritées. Au contraire, on n'est pas chrétien si on porte les armes le Vendredi saint (v. 6180-6187 et 6224-6225, p. 154-155).

Dans l'un et l'autre cas, il ne s'agit pas simplement de gestes ni de rites, mais de l'inspiration qui préside à leur accomplissement. Les larmes de Perceval (v. 6241-6242, p. 156) témoignent, selon la spiritualité du temps, d'un repentir dont elles manifestent la sincérité. Le don des larmes est un don de Dieu : il va « soupirant du fond de l'âme/parce qu'il se sentait coupable/envers Dieu et qu'il s'en repentait./ Il s'en va en pleurant vers la forêt » (v. 6260-6263) ; « le saint homme l'appelle à lui/quand il a vu sa sincérité et ses pleurs,/ car l'eau de ses larmes, goutte à goutte/lui coulait des yeux jusqu'au menton ». C'est un semblable esprit qu'il faut pour faire d'un salut rendu à un prêtre un geste d'humilité agréable à Dieu et de l'aide apportée à une malheureuse « un geste de pure charité » (v. 6394). Chrétien de Troyes témoigne là de l'évolution d'un temps et d'une Église qui vont passer progressivement d'une morale de l'acte à une morale de l'intention.

Là où, selon le monde s'opposent honneur et honte, dans l'ordre du spirituel s'opposent salut et péché, le repentir et la pénitence étant les moyens de regagner la grâce de Dieu et de rentrer dans le plan du salut. Jusque-là, on avait appris à Perceval qu'il pouvait se conduire bien ou mal, mais cela recouvrait l'opposition honorablement (avec courtoisie)/ honteusement (avec vilenie). Le discours de la mère, par exemple, sur ce Dieu mort pour « les hommes et les femmes/dont les âmes allaient en enfer/quand elles sortaient du corps,/ et lui, il les en arrache » (v. 549-552, p. 44) conservait un aspect quelque peu artificiel, car pourquoi les âmes encouraient-elles l'enfer ? Le péché, récurrent dans les discours des pèlerins et de l'ermite, en est le principe d'explication : c'est pour « faire le salut de leurs âmes/... en pénitence/des péchés qu'elles avaient commis » (v. 6176 *sq.*, p. 155) que les dames vont en pèlerinage ; le Vendredi saint, c'est le jour « où l'on doit pleurer ses péchés » ; le Christ lui-même, « pur de tout péché/vit les péchés dont le monde entier était prisonnier… et pour nos péchés il se fit homme » ; « pour nos péchés nous avons demandé conseil et nous sommes confessés ». Perceval lui-même est appelé pécheur par l'ermite, et son péché en quelque sorte originel est d'avoir causé la mort de sa mère (v. 6318 *sq.*, p. 157). Le mot revient donc de façon récurrente.

Il y a des péchés divers, mais *le* péché est toujours le même : il consiste à oublier Dieu. C'est ce qu'expose d'abord le narrateur : (Perceval) « a si bien perdu la mémoire/qu'il en a oublié Dieu » (v. 6144-6145,

p. 153). Le héros lui-même rendra ainsi compte de l'état de sa conscience : « Il y a bien cinq ans de cela,/ soudain, je n'ai plus su où j'étais moi-même,/ je cessai d'aimer Dieu et de croire en lui/et depuis lors je n'ai fait que le mal » (v. 6290-6293, p. 156). Rappelant son échec au château du Roi Pêcheur, il y fait remonter une tristesse confinant au désespoir (« Mon vœu eût été d'être mort », v. 6307) et son oubli de Dieu et de sa miséricorde (v. 6309-6312).

De même qu'il y a des péchés, il y a des actions méritoires qui les compensent ; mais elles n'ont de valeur que si elles marquent, au contraire de l'oubli, la mémoire de Dieu ; l'essentiel se ramène à : « Crois en Dieu, aime le, adore le » (v. 6385). La formule de la Veuve Dame prend alors seulement tout son sens (v. 558 et v. 144-146, p. 36). De même aussi, au leitmotiv du péché s'opposent ceux du repentir dans les larmes, de la pénitence, de la confession et de la vie ordonnée à Dieu.

Guerrier, amoureux, chrétien, Perceval, de *nice* est devenu *senez*.

## 3 - DES « PÉCHÉS DE LANGUE » AU BON USAGE DE LA PAROLE

### ▪ De l'importance de la parole au Moyen Âge

Au Moyen Âge, de nombreux facteurs donnent à la parole un statut privilégié, même si l'écrit y a tout le prestige de la rareté et de la science.

Dans l'ordre théologique d'abord. Selon la *Genèse*, le monde a été créé par la parole divine (Dieu dit : « Que la lumière soit ! » et la lumière fut, I, 3). Et, pour l'Évangile, la seconde personne de la Trinité, le Verbe, n'est autre que la parole de Dieu incarnée (Et le Verbe s'est fait chair, Jn, I, 5). Si, dans l'Ancien Testament les prophètes parlaient au nom de Dieu, dans le Nouveau, le Christ est cette parole même. D'où la valeur reconnue à la prédication comme mode d'enseignement de la *Novele Loi* (= la nouvelle religion) et à la prière vocale comme mode d'adresse à Dieu (dont le Christ donne le modèle en apprenant à ses disciples les paroles du *Notre Père*).

Dans l'ordre politique, social et religieux ensuite. Comme nous l'avons vu, les *oratores* constituent un des trois états ou ordres de la société médiévale : les clercs prient, prêchent, enseignent, plaident, etc.

Enfin, dans un registre pratique, qui englobe beaucoup des domaines de la vie quotidienne. Peu de gens savent lire et écrire. Les livres coûtent très cher. Certes, on connaît les contrats écrits, mais beaucoup d'échanges, de relations reposent sur la parole donnée, d'où l'importance, comme valeur, de la fidélité gardée à cette parole (voir, dans le *Conte du Graal*, ce qu'Arthur dit à ce sujet à son sénéchal : v. 975 *sq.*, p. 53). On pourrait aussi rappeler qu'enseignement et examens passent exclusivement par l'oral et que la diffusion de la littérature s'effectue de la même manière : récitation scandée et peut-être chantée de la chanson de geste, chant éventuellement accompagné d'instruments pour la poésie lyrique, lecture à haute voix pour le roman et, bien sûr, représentation pour le théâtre.

Mais, dès l'Antiquité, Esope avait dit que « la langue était la meilleure et la pire des choses ». C'est en s'inscrivant dans le droit fil d'une longue tradition que de nombreux clercs (théologiens, moralistes), entre fin du XIIe siècle et début du XIIIe, s'interrogent sur « les péchés de langue », c'est-à-dire sur les mauvais (et les bons) usages de la langue… et du silence : le pénitent, dans le *Confiteor*, ne s'accuse-t-il pas d'avoir péché « par parole et par omission » ? L'omission peut désigner une parole tue à mauvais escient : que l'on pense au silence de Perceval au château du Roi Pêcheur.

Les « péchés de langue » sont nombreux. On s'entend à condamner les bavardages futiles, paroles oiseuses qui gaspillent le temps imparti par Dieu et qui peuvent être un premier degré de l'orgueil (considérer que tout ce qui vous passe par la tête mérite d'être dit) et d'égoïsme (parler sans se soucier d'écouter) ; les paroles orgueilleuses – le personnage du chevalier fanfaron, du brave mais seulement en paroles, se rencontre dans les romans arthuriens ; les paroles de colère et de malveillance qui cherchent à nuire à autrui par les moqueries, les injures, par la calomnie, la divulgation de secrets : dans les poèmes et romans courtois, on aura une variante de ce type de pécheur avec le *losengier* qui, non par sens moral mais pour leur causer du tort, révèle le secret des amants ; les différentes formes de mensonge dont la plus grave est l'invocation en vain du nom de Dieu : on la trouve mise en œuvre en littérature dans les scènes de duel judiciaire où les deux adversaires jurent sur les reliques de défendre le parti qu'ils estiment être dans son droit ; le mensonge d'un des prestataires est parfois l'occasion d'un signe de Dieu qui le dénonce et présage de sa défaite. On finit avec le blasphème, parole qui s'en prend directement à la divinité.

S'il y a donc bien des occasions où mieux vaut se taire, il y a aussi des silences coupables : ne pas *conseiller* (= aider par des conseils) autrui en cas de besoin, taire la vérité quand on la connaît et qu'on est habilité à la dire (cela vaut en particulier pour le clerc paresseux à prêcher la parole de Dieu, pour le maître qui ne délivre pas ou mal son enseignement à l'enfant dont il est en charge), s'abstenir de prier sont autant de péchés.

En revanche, en prenant le contre-pied de ces comportements peccamineux, on définit autant de bons usages de la parole ou du silence : paroles d'affection et d'attention à autrui, proclamation de la vérité, dans la prédication mais aussi en disant le droit, en innocentant un accusé à tort, enseignement, louange et adoration de Dieu, recueillement et méditation pour le silence.

## ▪ De l'importance de la parole dans le *Conte du Graal*

Une réflexion de Perceval souligne symboliquement cette importance : voyant le roi Arthur, à qui il est venu demander de le faire chevalier, plongé dans ses pensées et laissant sa requête sans réponse, il s'inquiète : « Si on ne peut lui tirer la moindre parole, comment pourrait-il faire un chevalier ? » (v. 887-888, p. 51). Or, l'essentiel du rituel (v. 1580 *sq.*, p. 63) consiste en des gestes et non en des paroles. On peut voir là, l'inflexion que donne l'auteur à une chevalerie pour lui idéale : elle a une relation de fondation avec l'exercice non seulement des armes, mais aussi de la parole.

Le roman est ponctué de scènes où sont présentés des exemples de bonnes et de mauvaises paroles (ou de mauvais et de bons silences).

### *Mauvais silences*

**Celui des chevaliers** qui voudraient ne pas répondre aux questions de Perceval ; ils manifestent ainsi le mépris où ils le tiennent et leur manque de discernement : ils se trompent en croyant avoir affaire à un simple d'esprit dépourvu d'intelligence (v. 236-242, p. 38).

**Celui de la mère** du héros qui n'a pas rempli sa tâche d'éducatrice en se refusant à lui parler de cette chevalerie qu'il était, de par sa famille, naturellement appelé à connaître, qui a imposé le même silence coupable aux gens de son entourage, et a éloigné de Perceval tous ceux qui auraient pu l'informer mieux qu'elle.

**Celui d'Arthur** qui, attentif à ses seuls soucis, ne remplit pas son rôle de roi (être le centre de sa cour en écoutant ceux qui viennent lui présenter des demandes, faire passer la considération de lui-même après celle qu'il doit aux autres) et n'entend même pas Perceval : conscient de sa faute, il s'en expliquera et demandera à en être excusé (v. 884-924, p. 51).

### *Mauvaises paroles*

**Celles de l'ami jaloux** de la jeune fille à la tente dans la mesure où elles expriment des accusations non fondées et traduisent une méfiance injustifiée (v. 774 *sq.* et 3770-3850, p. 48-49 et 104-105).

**Celles du sénéchal Keu** (qui se moque de Perceval, v. 959-965, p. 52-53 et, plus loin, de Sagremor : v. 4208-4211, p. 112) (qui fait preuve d'outrecuidance vis-à-vis de Perceval : v. 4216-4220 et 4228-4291, p. 113) (et s'en prend encore à Gauvain, v. 4302-4335, p. 114-115 : il l'accuse sans raison d'être un lâche qui ne remporte de victoire que sur des adversaires en situation d'infériorité, plus habile à discourir qu'à se battre : « Croyez vous ainsi venger votre colère et votre dépit ? » se contente de répondre Gauvain qui montre sa maîtrise verbale devant un Keu irascible et incapable de se contrôler). Cette malveillance langagière est un trait de caractère du sénéchal que le roi Arthur lui reproche (« Vous êtes trop enclin à dire des choses désagréables ; chez un honnête homme, c'est un défaut très laid », v. 967 et 969 p. 53 ; *cf.* aussi v. 4212-4215, p. 113 où le souverain reproche à Keu ses paroles outrecuidantes : « On verra si vous faites mieux que lui »).

Faut-il appréhender comme telles **celles de la Laide Demoiselle** maudissant Perceval (« Maudit soit qui te saluera ! », v. 4580, p. 120) ? Oui, pour cette seule formule parce que, dans la pensée médiévale, les mots d'une malédiction ont la force de faire s'avérer leur contenu : ce ne sont donc pas de simples façons de dire.

**Celles de la fille aînée de Thibaut** injuriant sa cadette (v. 4970 *sq.*, p. 129), se moquant de Gauvain avec ses compagnes (v. 4980-5022 et v. 5048-5068, p. 129-130), portant contre lui des accusations calomnieuses ainsi que tous les gens de la cour (v. 5134 *sq.*), dictées par la haine contre sa sœur (v. 5140, p. 132).

**Celles de l'Orgueilleuse de Logres** (la *male pucele*) à l'encontre de Gauvain : elles seront un leitmotiv de ses aventures au pays de Galvoie à partir du vers 6612 (p. 163) et joueront sur une gamme étendue de malveillance et de malfaisance : paroles trompeuses pour mettre la vie du héros en danger (épisode du palefroi, v. 6623 *sq.* ; du Gué périlleux, v. 8504 *sq.*) ; injures et insultes formulées de façon à faire honte et donc à ulcérer au plus profond de lui-même un chevalier qui a l'honneur comme valeur première : v. 6750-6771, 6790-6804, 6807-6813, 7061-7071, 7092-7112, 8396 *sq.*) ; intention de nuire affichée : v. 6772-6778. Gauvain se contente de la reprendre – mais c'est un grave reproche – en lui disant qu'« il n'est pas convenable pour une demoiselle/d'être si méchante langue/passé l'âge de ses dix ans/si du moins elle a souci d'entendre au bien » (v. 7116-7119, p. 174) ; et la vieille reine, au château des Reines dira qu'elle est « trop arrogante et indigne » et « détestable » (*anïeeuse*, v. 8245, p. 198 : c'est l'adjectif qu'Arthur avait employé pour qualifier Keu). Elle est « la plus malfaisante créature du monde (v. 7172, p. 175) dira le narrateur en une remarquable intervention d'auteur.

Deux personnages apparaissent donc comme particulièrement marqués par l'usage *bestourné* (= mal orienté, à rebours de ce qui convient) qu'ils font de la parole. Les deux sexes sont traités de façon comparable puisqu'il s'agit d'un personnage masculin (Keu, le *prodome* à la *male laingue*) et d'un personnage féminin (l'Orgueilleuse *demoisele maldisanz*).

Keu est même le plus maltraité des deux car ce seigneur, bien en cour, familier du roi, chargé auprès de lui de l'important office de sénéchal, n'a aucune raison de s'en prendre à qui ose parler contre son sentiment, voire sans aucun motif, avec une préférence aggravante pour les plus faibles (la pucelle-qui-ne-rit, le fou, Perceval) ou quand lui-même ne se met pas en danger (il se moque de Sagremor... pendant que celui-ci ne l'entend pas).

En revanche, l'Orgueilleuse a puisé dans les malheurs qu'un homme lui a fait subir la haine qu'elle leur porte (v. 8780 *sq.*, p. 211-212) : en tant que femme, elle n'a pas d'armes pour se venger, sauf les mots dont elle use en virtuose. Elle est dite « sans merci » (v. 8289) : cette expression, appliquée à une femme, désigne, dans la relation courtoise, la dame qui refuse obstinément sa *druerie* (= ses faveurs) à l'amant de longue date empressé auprès d'elle ; le rapprochement s'impose avec le chevalier « sans merci », celui qui ne fait jamais don de la vie à ceux qu'il a vaincus. Avec l'Orgueilleuse, l'expression retrouve une valeur guerrière, pour une femme qui se sert de la parole comme d'une épée.

### *Symétriquement, des paroles œuvrent pour le bien*

**Celles des *chastoiemens*** adressés à Perceval par sa mère, Gornemant et l'ermite. Elles procèdent d'une volonté bonne et bienveillante de celui qui parle à l'égard du destinataire, quelque peu résignée chez la mère, plus empressée chez Gornemant et l'ermite (v. 6276-6277, p. 156). La situation d'autorité dans laquelle tous les trois se trouvent par rapport au héros, leurs savoirs et expériences divers leur donnent le droit et leur imposent le devoir d'enseigner le jeune homme.

**Celles du *maistre* des chevaliers**, dans le premier épisode du récit. **Celles du roi Arthur** s'opposant à Keu ainsi que, dans le même épisode, **celles de la pucelle-qui-ne-rit (et du fou)** parce que tous ces personnages en vertu de dons différents, entrevoient la vérité de Perceval, alors que les autres – les plus nombreux – la méconnaissent et paraissent avoir le bon sens pour eux. Tous doivent faire preuve de courage pour parler, affrontant une contradiction facile, parfois se heurtant à la brutalité de leurs contradicteurs. On peut ranger dans la même catégorie **les interventions répétées de la fille cadette de Thibaut de Tintagel** en faveur de Gauvain (v. 4937 *sq.*, p. 128 sq) : elle a contre elle à peu près tout le monde (sa sœur, l'ensemble de la cour et même, pendant un moment, son père), des arguments d'une portée discutable, son jeune âge ; mais, forte de sa conviction, elle n'hésite pas à affirmer ce qu'elle considère comme vrai, quitte à souffrir pour se faire entendre.

Dans l'ordre de la vie curiale, on pourrait citer toutes **les paroles de bon accueil** prodiguées aux chevaliers par leurs hôtes d'un soir : il s'agit là d'un rite caractéristique de la société courtoise dans l'accomplissement duquel on doit lire non la manifestation d'une politesse superficielle mais l'expression d'un désir de convivialité et d'une volonté de partage.

**Celles encore de Gauvain** à Arthur puis à Perceval (scène des trois gouttes de sang sur la neige, v. 4283 *sq.*, p. 114 sq.) où s'expriment l'expérience courtoise du premier dans le domaine amoureux et sa conviction que le jeune héros la partage ; cet échange entre deux pairs est couronné par un engagement de compagnonnage et d'amitié (v. 4419-4432, p. 117-118).

**Celles enfin de Blanchefleur** dans l'expression d'un amour qui se dit en même temps qu'il se fait : « ... ponctuant chaque mot d'un baiser/si doux et si suave/qu'elle lui mettait la clef/de l'amour en la serrure du cœur » (v. 2574-2577, p. 82).

Pour que la typologie soit complète, on attend le relevé des **bons silences**. On peut mentionner ceux de Gauvain, supportant sans (presque) mot dire les injures de l'Orgueilleuse – pour la maîtrise de soi qu'ils dénotent et pour la patience courtoise qu'ils manifestent à l'égard d'une femme.

D'ores et déjà, Chrétien de Troyes apparaît comme un homme de la parole (c'est-à-dire d'une forme d'action et même de combat) plutôt que de la contemplation : même l'ermite est un homme de bon conseil plutôt que de méditation. La parole et le silence sont donc des outils efficaces, mais qui ne comportent pas en eux-mêmes leur propre moralisation : tout dépend de l'usage qu'on en fait. Ils peuvent être arme qui blesse, voire qui tue, ou instrument du réconfort, du plaisir de vivre en société, du progrès de la personne et de la connaissance du vrai.

Contrairement aux armes guerrières dont l'usage est réservé à ceux qui ont la force de s'en servir, il n'y a pas de monopole en matière de parole : les femmes n'en sont pas exclues ; et si les figures d'autorité y ont un accès attendu, la vérité peut aussi sortir de la bouche d'enfants et de fous, sages et prophétiques.

## ▪ Perceval et l'usage de la parole

### *Avant le départ : la parole du* vaslet sauvage

Au début du récit, le jeune homme parle trop. Cette parole débordante traduit, qu'elle s'adresse aux autres ou à lui-même, une personnalité centrée sur elle-même, peu capable de prêter attention à la parole d'autrui. Ce mésusage le fait entrer dans une des catégories condamnées par les moralistes, tant courtois que religieux : il se conduit de façon « vilaine » pour les uns, peccamineuse pour les autres.

Mais cette parole échappe cependant au reproche de futilité. Perceval utilise la parole pour s'instruire, et ses questions, pour maladroitement formulées qu'elles soient, n'en révèlent pas moins un esprit capable de raisonner. Il n'est pas jusqu'à la surprise manifestée quand il apprend que la lance… ne se lance pas qui ne mérite considération. Dans l'ordre de l'usage devenu courant, elle fait sourire ; dans celui de l'étymologie et de l'usage premier, le bon sens est de son côté.

Il reste que à la fois cette erreur et la faute morale dans un usage égoïste du discours montrent que *nature* a besoin de *norreture*. Perceval devra apprendre des règles – leur existence et leur application – pour bien savoir ce que parler veut dire et comment bien parler.

Toutefois, la maîtrise de la parole adressée à Dieu (les prières) lui est acquise : il pense de lui-même à prier et le fait volontiers. La prière de foi et d'adoration dont il a l'idée et la pratique témoigne même d'un esprit plus avancé en cette matière qu'en d'autres : là où, avec les hommes, il n'a encore que des rapports de prise, il a, avec la divinité, une attitude d'offrande.

### *Conseils et apprentissages*

« **On connaît l'homme à son nom** » (v. 526, p. 44)

Ce vers se présente comme un conseil de prudence : « Demandez leur nom à ceux avec qui vous êtes en relation afin de savoir à qui vous avez affaire et de ne fréquenter que des hommes d'honneur ». Au-delà de la réputation, selon les conceptions médiévales, il y a un lien intrinsèque entre le nom et celui qui le porte ; mais on touche là à la constitution d'une personnalité individuelle et non plus au bon usage de la parole.

« **Gardez-vous de trop parler** » (v. 1606, p. 64)

La formule est de Gornemant. Aux yeux de la mesure courtoise, Perceval parle trop et trop longuement. Là où nous disons encore « Trop parler nuit », le vavasseur cite un autre proverbe : « Trop parler, c'est pécher », emprunté au *Livre des Proverbes* (10, 19) de la Bible, qui réinscrit l'usage de la parole dans une perspective religieuse. Mais que veut dire *trop* parler ?

Le jeune héros porté à parler par une curiosité naturelle d'apprendre, mais qui s'entend reprocher de trop parler selon les hommes et selon Dieu va tomber dans la faute et le péché inverses.

La faute (contre la courtoisie) quand, à Beaurepaire il se tait obstinément avant le dîner : pour ne pas l'accuser d'impolitesse, on ira jusqu'à envisager qu'il pourrait être muet (« il se retenait de parler,/ se souvenant de la leçon/que lui avait faite le gentilhomme », v. 1215-1217, p. 68).

Le péché (contre la charité) lorsqu'au château du Roi Pêcheur, au lieu de manifester son intérêt pour ses hôtes en posant les (bonnes) questions qu'il se formule à lui-même, il gardera un silence qu'il veut et croit poli (« Il se retenait à cause du gentilhomme/qui l'avait doucement blâmé/de trop parler », v. 3142-3144, p. 92). Deux interventions de l'auteur soulignent avec autorité son erreur. « On peut aussi bien trop se taire que trop parler » (v. 3188-3189, p. 93) et « Il se tait plus qu'il ne convient » (v. 3236, p. 94). Plus soucieux d'être bien jugé que de bien faire, Perceval laisse passer l'occasion de rendre un grand service aux gens du château. La faute contre la politesse qui gêne une tablée devient un péché qui en accable une autre.

Une scène qui suit de peu celle du Graal montre combien il est difficile de choisir au mieux entre parler et se taire : c'est celle où, en contemplation devant les trois gouttes de sang sur la neige (v. 4096 *sq.*, p. 110-111) qui évoquent à sa mémoire le visage de Blanchefleur, Perceval, plongé dans ses pensées, garde longuement le silence, sans même prêter attention aux discours agressifs de Sagremor et de Keu. Si le silence du roi Arthur lors du premier passage du *vaslet* à sa cour était blâmé, si celui de Perceval au château du Roi Pêcheur l'était aussi, en revanche, ici, ce sont les paroles des deux chevaliers qui sont déplacées, et le silence du héros est, authentifié par ce maître en la matière qu'est Gauvain, la manifestation raffinée d'un amour profond et courtois.

**« L'ermite lui murmure à l'oreille une prière »** (v. 6405-6406, p. 159)

C'est le seul enseignement religieux à contenu verbal que reçoive Perceval après qu'il a quitté sa mère. Transmise par la parole, cette prière sera restituée par la parole. Les conditions de sa récitation l'apparentent à celle que les héros des chansons de geste, en péril de mort sur le champ de bataille, prononcent parfois. La nature de la demande explique l'avertissement de l'ermite : dire cette prière hors de propos serait en effet invoquer à la légère le nom de Dieu. Là aussi, c'est à l'orant de discerner le juste moment d'y avoir recours : comment être sûr d'être *au plus grant peril* ?

Si l'on tient compte du rapport étroit entre le nom et la personne que nous avons déjà évoqué, on peut dire qu'il s'agit là d'approcher au plus près, par les mots, la connaissance que nous pouvons avoir de Dieu ; les « noms de Dieu » dont l'énumération constitue cette prière pourraient se référer à la « croyance populaire aux cinquante-six ou soixante-douze noms de Jésus » (Jean Frappier). Enseignée au seul Perceval, à lui réservée ( ?), elle peut enfin être un écho, dans l'ordre du sacré, à ce vers où Chrétien de Troyes écrit que son héros *redit tot el* (v. 4657, p. 122) quand il se définit à lui-même une aventure toute différente de celles choisies par les autres chevaliers de la cour. S'il est appelé à s'ouvrir une voie singulière, pourquoi une voix unique ne serait-elle pas aussi son privilège ? Comme il est exclu de penser que la pierre ainsi mise en attente ait pu rester sans emploi, on ne peut que rester dans l'expectative de cette voûte dont elle aurait constitué la clé.

## ▪ Langue et structure du roman

### *Le sens des mots*

La première leçon que reçoit Perceval est une leçon de vocabulaire (« Qu'est-ce qu'une lance ? »). La dernière est celle d'une prière chuchotée à la limite du silence, passée de bouche à oreille. Entre-temps, si l'apprentissage des armes lui a été rapide et facile, fondé sur la mise en œuvre de beaucoup de ***nature*** et d'un peu de ***norreture***, celui de la parole et du silence l'aura fait passer par des essais et erreurs, alors pourtant qu'on ne l'attendait guère : les mots lui venaient d'abord aisément pour formuler de claires questions.

Les difficultés commencent quand (à vrai dire, dès le début) on comprend qu'ils peuvent signifier autre chose que ce qu'ils veulent apparemment dire. Ce n'est même pas qu'il y ait un sens littéral et un (ou des) sens figuré(s). C'est que les mots peuvent avoir perdu leur sens, c'est qu'une lance ne se lance pas. À moins que ce sens soit si flou, alors que les maîtres feignent de croire le contraire (et ils pourraient bien s'en être persuadés), que les mots ne veulent rien dire, qu'ils ne sont plus un outil sûr pour penser le monde et y agir : que veut dire « ce qu'il y a de plus beau au monde ? » Pour la mère de Perceval, une pensée abstraite peut y lire une définition de Dieu, l'idée même du Beau en somme ; pour son fils, c'est ce qu'il a vu de plus beau dans toute sa (courte) vie : en l'occurrence, des êtres revêtus d'un matériau si brillant qu'on dirait de la lumière… mais ce ne sont là que des hommes bardés de fer. Que veut dire « une très belle maison ? » Pour elle, c'est un tabernacle ; pour lui, c'est une tente.

### *Ce que parler veut dire*

Curieux roman de chevalerie que ce *Conte du Graal* où l'épreuve qualifiante du héros est le combat si facilement gagné contre le Chevalier Vermeil et où celle qui doit le confirmer – et où il échouera – consiste pour lui à savoir s'il doit ou non poser des questions. Ce que, moins expérimenté et guère conseillé, il faisait naturellement lui devient si impossible à décider et entreprendre qu'il ne s'y résout pas. S'il est trop tard, définitivement, pour le faire, comme le lui laissent entendre sa cousine et la Laide Demoiselle, que fera-t-il, revenu – s'il doit y revenir – au château du Graal ? N'est-ce pas l'énigmatique prière enseignée par l'ermite qui lui permettra de mener à bien l'aventure ? Si les douces paroles de Blanchefleur ont été la clef de son cœur amoureux, les noms de Jésus ne seront-elles pas celles de son cœur religieux ? On voit en tout cas combien les aventures de Perceval sont structurées par un constant rapport au langage, qui est au début, au centre et à la fin de son éducation et de son évolution.

Mais qu'en est-il de Gauvain ? Pour lui, plus âgé, l'apprentissage a eu lieu de longue date. La maîtrise dont il fait preuve est égale d'un bout à l'autre du roman, à la fois lors de ses brèves apparitions dans la partie plutôt consacrée à Perceval que dans celle où il devient le protagoniste du récit. Il dit toujours ce qu'il faut, quand il faut, à qui il faut. Face à cette *male laingue* de Keu, il est l'exemplaire modèle de qui utilise la langue de la courtoisie, avec les femmes, les autres chevaliers, le roi, et même avec l'Orgueilleuse. Mais jamais il ne *redit tot el*, et on ne l'imagine pas ayant recours à une particulière prière quand il devra s'emparer de la dangereuse lance-qui-saigne.

Faut-il voir alors, dans le *Conte du Graal*, un roman qui différencierait deux manières d'utiliser le langage : l'une qui exploiterait au mieux toutes les ressources de ses usages et procédés selon les normes d'un groupe social en son temps (celle de Gauvain) et l'autre (celle de Perceval) qui ayant échoué à en maîtriser parfaitement les codes, ou ne se contentant pas d'y avoir réussi, chercherait à le réinventer ? Et à cette aune, comment situer la parole, écrite et lue, de Chrétien de Troyes ?

## 4 - APPRENTISSAGE DE L'AUTONOMIE ET ACQUISITION DE LA PERSONNALITÉ

### ▪ Perceval et ses maîtres

Les maîtres sont nécessaires : Chrétien de Troyes n'imagine pas qu'ils puissent être remplacés par des livres. On peut être surpris de cette absence de l'écrit dans une œuvre de clerc, mais il est certain que Chrétien de Troyes a, à ses dépens, valorisé le rôle de la parole et, avec elle, de la relation de personne à personne, dans la transmission des savoirs : Perceval se référera constamment à celui (ou à celle) qui lui a enseigné telle ou telle chose.

C'est que, plus que d'apprendre des techniques, il s'agit d'apprendre à vivre : les savoirs n'ont de sens et de raison d'être que par leur mise en œuvre dans des groupes ou des couples. Cette éducation forme un homme en société humaine et divine. L'action du maître donne à son enseignement cette dimension qui va au-delà d'une formation du corps, des usages et de l'esprit. C'est pourquoi il importe qu'il soit non seulement un technicien, mais aussi un *prodome* (= un homme de bien et d'honneur : le mot peut s'appliquer aussi bien à un laïc qu'à un homme d'Église, à Gornemant qu'à l'ermite) : un bon maître est celui qui allie compétence, bonne volonté d'enseigner sans garder sous le boisseau, pour lui-même, les lumières dont il dispose, une attention désintéressée portée à son élève.

Mais le rôle de tout éducateur est transitoire ; sa tâche prend fin quand l'élève a assimilé l'enseignement, et la rapidité de cette acquisition doit être son but. Cela fait, il devient un mauvais maître s'il cherche à retenir celui qui n'a plus besoin de ses services ; idéalement, il doit même chercher à susciter en lui le désir de partir. La mère de Perceval, Gornemant et l'ermite, ont été très inégaux en la matière.

Il revient à l'élève de suivre les enseignements reçus, mais de le faire par lui-même. C'est ainsi qu'au départ enfant sans nom, il s'en fera un.

## ■ Obéissance et initiative : l'inspiration du nom

Le maître qui cherche à transmettre son savoir au mieux a pour symétrique l'élève appliqué et docile. Perceval en est un.

Se trouve-t-il bien de cette obéissance ? On dira qu'elle a ses limites. Certes, l'apprentissage du combat chevaleresque et de son éthique permet une évolution positive du jeune homme. Témoigne de cette réussite la rencontre de Perceval et de Gauvain (scène des trois gouttes de sang sur la neige) qui montre comme pairs et (s'engageant à être) compagnons le nouveau chevalier et le modèle reconnu des comportements et vertus courtois.

D'un autre côté, la considération attentive des préceptes de sa mère et de Gornemant l'amène à des fautes : sa conduite avec la jeune fille à la tente, ses silences à Beaurepaire puis au château du Roi Pêcheur. Ces erreurs peuvent renvoyer à une imperfection des maîtres, qui n'ont pas su s'adapter au degré d'avancement de leur élève, voire à une imperfection du langage, incapable de cerner une notion toute relative comme celle de « trop ». Elles font surtout apparaître la part normalement laissée à l'élève qui n'a pas à toujours reproduire mais aussi à interpréter : c'est là qu'interviennent son jugement et ses initiatives dès qu'il n'est plus celui qui apprend mais celui qui fait.

L'histoire de Perceval est jalonnée de ces décisions qui ignorent les propositions du maître ou s'élèvent contre elles ou, de façon moins dramatique, qui témoignent de choix qui n'ont pas été guidés. Parle alors la voix de la *nature* que la *norreture* a pour fonction d'accomplir, mais d'une *nature* qui, parfois lignagère et héréditaire, peut aussi être celle d'une personne individuelle. Voix de la *nature* à l'évidence quand, malgré les souhaits de sa mère, Perceval décide d'aller trouver le roi Arthur pour être fait chevalier. Mais si Chrétien de Troyes n'envisage pas que cette voix de famille qui parle en lui ait pu être étouffée, il n'en reste pas moins que le départ aurait pu se passer différemment : d'autres auteurs en réécriront des variantes, le faisant plus tardif, moins brutal, etc. C'est donc que se manifeste dès lors une *nature* de Perceval qui constitue son être propre.

D'autre part, il est des catégories mentales dont il n'est jamais directement question dans les enseignements donnés à Perceval : la plus importante est celle du temps. Or, si sa mère le met en contact avec son passé familial en lui racontant son histoire, imitée en cela par sa cousine et par son oncle l'ermite qui lui en apprennent d'autres pans, si ceux qui lui racontent l'histoire du Christ incarné l'introduisent au passé d'une plus lointaine et vaste histoire, ni sa mère ni Gornemant ne lui en font une présentation capable de lui en constituer une mémoire personnelle. Or, mémoire et personne (et personnalité) sont si étroitement liées au Moyen Âge qu'elles sont de quasi synonymes : dans les romans du temps (*Tristan et Iseut*, le *Lancelot* en prose, et dès le *Chevalier au lion*), le *fol* (au sens médical d'aliéné) est celui qui perd la mémoire de lui-même en tant qu'individu, en tant qu'être social, en tant que chrétien, en tant qu'être humain : il ne sait plus qu'il a un nom, qu'il est chevalier (même s'il demeure capable de se battre), que ses repères temporels étaient les fêtes religieuses qui scandent l'année liturgique. Certains de ces traits peuvent s'appliquer au *vaslet* et au chevalier du *Conte du Graal*: le *nice* aura donc à revenir de plus loin qu'on pourrait penser et sera menacé d'y retourner. C'est en comblant ces manques qu'il trouvera son nom et peut-être en échappant à leurs menaces de retour qu'il sera capable de modifier son *sornom* à la fin du roman. Perceval le Gallois devenu fâcheusement Perceval *li chaitis* changeait-il encore son nom ?

La vivacité de tempérament et de réaction est un caractère de Perceval qui frappe d'emblée le lecteur. Elle est chargée d'une double valence. Négative car elle dénote une personnalité qui ne vit que dans l'instant sans retour sur soi ni anticipation d'un avenir inscrit dans la durée : le *vaslet* veut être chevalier, mais tout de suite ; et pour lui, c'est seulement l'affaire d'un moment, il n'a même pas l'idée que, si on *est* adoubé on devient *chevalier*: d'où le départ précipité, le passage éclair par la cour d'Arthur, l'impatience manifestée devant ce roi qui ne le fait pas chevalier sur l'heure, son incapacité à se représenter l'avenir de sa mère, de la jeune fille à la tente. Mais aussi positive car elle manifeste la curiosité d'un esprit soucieux de s'instruire (celle du *vaslet* questionneur), capable de prendre ses distances vis à vis des maîtres quand il juge que la réalité n'est pas conforme à ce qu'on lui en a dit (v. 364 *sq.*, p. 41).

Le premier pas dans ce chemin, c'est d'avoir quitté le manoir maternel. C'est très peu après les annonces du roi Arthur, de la pucelle-qui-ne-rit et du fou que Perceval commence de prendre conscience que, autour de lui, d'autres existent par eux-mêmes et pas seulement par rapport à lui : il donne son cheval à Ivonet et fait dire à la pucelle frappée par Keu qu'il la vengera

« avant de mourir » (v. 1151, p. 56). Manifestation de largesse, pensée sensible à l'honneur d'autrui et, conjointement, à un temps long, ces facteurs dénotent la distance déjà prise par le héros par rapport à cet état de lui-même où seule comptait sa satisfaction personnelle et immédiate.

Le départ de chez Gornemant, là encore effectué contre l'avis du vavasseur, montre Perceval prenant une claire conscience de sa propre histoire et, si l'on peut dire de l'existence de sa mère, en même temps qu'il invoque Dieu d'une façon nouvelle. C'est uniquement de lui-même qu'il explique (v. 1538-1550, p. 62-63) pourquoi il veut partir sans attendre : l'image de la Veuve Dame évanouie, qu'il ne semblait même pas avoir vue sur le moment, tant il n'en avait pas tenu compte, est maintenant présente à sa pensée, assortie d'une réflexion sur la raison de cet évanouissement qui fait état de sa responsabilité.

Les deux aventures suivantes qui interféreront avec son dessein (Beaurepaire, le château du Roi Pêcheur) ne seront pas le fait de sa volonté. Il est donc capable maintenant non seulement de former un projet mais de s'y tenir sans s'en écarter. S'il ne reste auprès de Blanchefleur que le temps de la libérer de son agresseur et s'il repart aussitôt alors pourtant qu'il mène là « une vie de délice », y ayant trouvé ce qui est le rêve de tout nouveau chevalier (une terre et une femme), c'est toujours à cause de la pensée de sa mère (v. 2857-2861, p. 86).

Son départ fait une place restreinte à Blanchefleur et une beaucoup plus grande (v. 2867-2924, p. 87 : pas moins de 60 vers) à une scène religieuse dont il est le centre. Là encore, aucun enseignement n'a préparé l'éclosion de ce personnage, escorté par une procession de moines et de nonnes – on aurait plutôt attendu Blanchefleur et ses gens – qui donne quasiment des leçons à ces gens d'Église (« Mener le deuil est chose vaine./ Il n'y a rien là qui doive vous abattre »), excipe du caractère vertueux de son but pour les réconforter (« Ne croyez-vous pas que ce soit bien/que j'aille revoir ma mère ? ») et trace pour celle-ci un double avenir éventuel, pieux dans les deux cas. Et toute sa journée de chevauchée se passe en prières pour retrouver sa mère « pleine de vie et de santé ».

Ce langage d'homme d'Église, presque savant par moments, personne ne l'a enseigné à Perceval, si ce n'est Chrétien de Troyes pour les besoins de sa *conjointure*. On voit là se caractériser une personnalité, au-delà d'une hérédité et d'une éducation chevaleresques, quelque chose que l'on ne peut pas exactement nommer mais qui touche à ce que le romancier a conçu comme l'être singulier de son personnage.

Le vers formulaire « On connaît l'homme à son nom » (v. 526, p. 44) implique que si, quittant le château du Roi Pêcheur, le héros *devine* (= découvre par inspiration) son nom, c'est que non seulement il en a un qui lui a été imposé par ses parents mais aussi qu'il se l'est approprié, voire qu'il s'en est fait un. En fait le jeune homme se voit conférer un nom et deux surnoms. Le premier couple, Perceval le Gallois comprend un surnom qui indique l'origine de celui qui le porte : il n'apprend pas grand-chose au lecteur ni au personnage lui-même qui a été présenté dès le début du récit comme défini dans ses façons de s'habiller, de parler par son appartenance galloise. Et un nom qui, au contraire, le singularise : il est Perceval, ou plutôt il l'est devenu. Le nom ne désigne pas l'enfant tant que celui-ci n'a pas d'histoire : pendant ce temps, il est Beau Fils ou frère comme il l'avait dit aux chevaliers, c'est-à-dire qu'il n'existe que par rapport à un père, une mère, des frères et sœurs, etc. Le nom marque l'individuation. Mais là où un chevalier est logiquement appelé à découvrir le sien après l'accomplissement de ses premiers exploits, l'inspiration en vient à Perceval après son échec au château du Roi Pêcheur; cela et le péché d'avoir tué sa mère lui valent donc un deuxième surnom, conféré par celle qui lui a d'abord exposé le *san* de son histoire : il est maintenant *li chaitis* (= le malheureux). On peut donc comprendre que le nom est acquis à une personnalité constituée ; mais le changement du surnom implique une évolution possible : si Beau Fils est une fois pour toutes Perceval, le Gallois devenu le Malheureux pourra mériter un autre surnom.

## ■ « Perceval, lui, dit tout autre chose » (v. 4657)

Mais comment s'y prendre ? Personne ne viendra l'y aider. Deux personnages le décourageront au contraire : sa cousine et la Laide Demoiselle.

Puisque sa mère est morte, le retour au manoir perd sa raison d'être : « C'est une autre voie qu'il me faut suivre », dit-il (v. 3563, p. 100). Mais laquelle ?

Le lendemain le trouve contemplant sur la neige trois gouttes de sang qui l'immobilisent dans le souvenir de Blanchefleur : expérience d'une mémoire affective et symbolique ; mais si elle dénote une personnalité dont le fonctionnement devient de plus en plus complexe, cette vision n'induit pas, dans l'esprit du héros, un chemin qui le ramènerait à Beaurepaire : au contraire, puisqu'avec la chaleur et la dilution du sang dans la neige, Perceval d'abord « oublieux de lui-même, tout à sa pensée de Blanchefleur son amie » (v. 4136, p. 111) – oubli de soi-même qui n'est pas négatif dans la mesure où il fait place nette pour une considération d'autrui –, revient au monde qui l'entoure (v. 4354-4363, p. 116), à Gauvain et à la cour d'Arthur.

Il s'abstient de faire son choix dans les aventures proposées par la Laide Demoiselle et *redit tot el* (v. 4657). C'est-à-dire qu'il n'ira pas à la conquête d'une jeune fille ou d'une épée – ce que les autres, y compris Gauvain, entreprendront –, il ira en quête et il s'agira d'une quête de savoir, non de possession ou de gloire : il ira chercher les réponses aux questions qu'il s'était formulées à lui-même correctement au château du Roi Pêcheur et qu'il s'était interdit de poser (v. 4658-4677, p. 122). Mais les étapes intermédiaires qu'il envisage demeurent celles de la chevalerie qu'il connaît et pratique comme les autres : forcer les voies et les adversaires les plus difficiles. C'est ce qu'il va faire avec succès pendant cinq ans (v. 6152-6162, p. 153-154).

Mais, lui dont la pensée personnelle s'était de longue date habituée à se tourner vers Dieu, s'en détourne totalement au point d'en perdre jusqu'au souvenir. Le premier indice pouvait en être l'oubli du projet de ramener le corps de sa mère à Beaurepaire afin d'y faire prier pour le salut de son âme. Le second, la formulation d'un vœu de quête où le nom de Dieu ne figure pas et pour lequel il ne compte que sur ses seules forces. Il s'agit d'un changement présenté comme brutal : d'un coup, Perceval oublie les gestes pieux qu'il avait toujours eus, et il perd même « tant la mémoire qu'il en a oublié Dieu » (v. 6144-6145, p. 153) : l'affirmation est si étonnante que le narrateur a soin de l'authentifier en se référant à l'habituelle instance extérieure à lui-même « L'histoire nous raconte que » (v. 6143). Le héros aura besoin de l'exemple donné par d'autres hommes – celui des pèlerins – pour être ramené à lui-même en même temps qu'à Dieu, démarche parfaite par son repentir, concrétisé dans les larmes et la confession, par la pénitence, par la communion.

## 5 - L'EXEMPLE DE GAUVAIN

Ce personnage est plus opaque à appréhender que son neuf émule, en dépit de ses caractères plus traditionnels. Ramené au cours de ses actions, il s'avère difficile à cerner dans la mesure où (seulement à nos yeux modernes ?) elles sont susceptibles de lectures différentes. C'est sur lui que les critiques se sont le plus partagés.

Si on s'accorde, tenant compte de la *conjointure* duelle du *Conte du Graal*, pour voir en lui un personnage qui fait contraste avec Perceval, ou lui sert de contrepoint, le rôle imparti à chacun divise les commentateurs. Certains considèrent qu'il s'agit d'un héros dégradé, jadis (c'est-à-dire dans des contes ou récits antérieurs au *Conte du Graal*) présenté comme un modèle de chevalerie et de courtoisie, mais destiné par Chrétien de Troyes à être surpassé par Perceval. D'autres au contraire soutiennent qu'il garde jusqu'à la fin du récit sa valeur exemplaire et qu'il se maintient constamment à un niveau de réussite que l'autre protagoniste s'avère incapable d'atteindre. D'autres enfin voient plutôt dans les directions différentes suivies par l'un et par l'autre deux chemins vers des formes distinctes de chevalerie, sans qu'il y ait besoin de chercher à les hiérarchiser : l'une plus mondaine trouvant son aboutissement dans l'obtention d'une seigneurie royale – Gauvain séjournant au château des Reines comme Arthur au royaume de Logres ; l'autre plus religieuse et fondée sur l'errance : à Gauvain les châteaux, les forêts à Perceval.

## ▪ Pour un Gauvain dégradé

### *Des aventures sans suite qui finissent en impasse*

Au nombre des aventures proposées par la Laide Demoiselle à la cour d'Arthur, il choisit d'aller faire lever le siège de Montesclaire (v. 4632 *sq.*, p. 122); mais il n'a pas le temps de partir qu'un certain Guingambrésil arrive pour l'accuser de meurtre en trahison (v. 4684 *sq.*, p. 122-123). Gauvain demande à soutenir son droit en duel judiciaire, à la cour du roi d'Escavalon. À Tintagel, il s'expose au risque de ne plus pouvoir repartir, au moins à temps, en participant à un tournoi (v. 5387-5628, p. 135 *sq.*). Reprenant son chemin, il s'en détourne aussitôt pour une partie de chasse. Parvenu à Escavalon, il s'y met dans une fort désagréable situation et, pour se tirer d'affaire, il doit différer d'un an son duel avec Guingambrésil et se mettre, pendant ce temps, à la quête de la lance-qui-saigne : le texte suggère qu'il pourrait bien n'en pas revenir (v. 5997-6140, p. 150-153) et, de surcroît, ne dit rien de l'endroit où elle se trouve. À partir de là, le chemin de Gauvain peut donc être livré au hasard.

En quête de la lance, il franchit les bornes de Galvoie. Il y connaît plusieurs aventures, sous la conduite de l'Orgueilleuse ; mais elles se contentent de se succéder sans marquer quelque progrès que ce soit : on pourrait les multiplier encore et seule la fantaisie du conteur en limite le nombre pour amener le héros en vue du château des Reines (v. 7146 *sq.*, p. 174) et l'y faire pénétrer (v. 7596 *sq.*, p. 184). Si le sort qu'il s'y voit réserver paraît d'abord enviable et plein d'honneur, ce pourrait bien n'être qu'un leurre : il apprend en effet que quiconque s'acquitte des épreuves du château n'en peut plus partir (v. 7930 *sq.*, p. 191). C'est une cage dorée, une prison royale… mais une prison quand même qui l'héberge maintenant et sa joie cède la place à de « tristes pensées » (v. 7953, p. 192). S'il obtient cependant de sortir, c'est pour une journée seulement et à condition de donner sa parole de revenir. Rien n'indique que Gauvain pourra se libérer de l'interdit – n'est-il pas de mauvais augure que la dame du château soit sa propre grand-mère, morte depuis soixante ans ? – et reprendre la quête de la lance-qui-saigne, pour ne rien dire du duel avec Guingambrésil ni du siège de Montesclaire.

### *Gauvain et les femmes*

Dans l'ensemble de la littérature arthurienne, Gauvain a une réputation de courtoisie galante. Conversations, jeux amoureux qui n'engagent guère mais font naître un plaisir réciproque d'être partagé de gré mutuel, voilà des situations où il est à son aise.

On retrouve cela dans le *Conte du Graal*, mais avec un caractère systématique dont la répétition a quelque chose de lassant. Il passe de la plus jeune (la fille cadette de Thibaut, encore une enfant) à la plus âgée (qui est même morte depuis soixante ans, sa grand-mère de surcroît), et il est même question d'un mariage… avec sa sœur Clariant, bien sûr en toute ignorance de leur lien de parenté. Entre ces extrêmes, d'autres, plus en rapport avec son âge et sa situation : la fille du roi d'Escavalon à qui il conte fleurette, lui promettant d'être « son chevalier pour toute sa vie » (v. 5755, p. 145), usant des propres termes qu'il employait la veille à l'usage de la pucelle-aux-petites-manches (v. 5579-5580, p. 141) ; l'Orgueilleuse, si belle qu'il se précipite sur elle et convient qu'il aimerait l'enlever aussitôt sur l'encolure de son cheval (v. 6587-6611, p. 163) et on est, là encore, à un jour de la précédente.

De plus, elles lui font faire toutes sortes de bêtises qui ne tournent ni à son avantage ni à son honneur.

Pour un caprice d'enfant il expose sa vie dans un tournoi, alors qu'il s'est engagé à défendre son honneur dans un duel judiciaire. Le narrateur l'approuve de s'être d'abord tenu à l'écart des lices. Mais que l'enfant-femme vienne l'en prier et il ne résistera pas.

Pour quelques baisers, il omet de demander à qui il a affaire et se retrouve en la galante compagnie de la fille de ce roi qu'il est accusé d'avoir tué en trahison.

Quant à l'Orgueilleuse, il se soumet à tout ce qu'elle exige de lui, toute quête de la lance et tout duel avec Guingambrésil oubliés, pour ne rien dire de la pucelle toujours assiégée dans Montesclaire. Tant pis s'il s'aperçoit qu'elle le berne et recherche sa mort quand elle lui demande d'aller rechercher son palefroi (v. 6624 *sq.*, p. 164) ou qu'elle le met au défi de franchir le Gué périlleux (v. 8350 *sq.*, p. 201-202) : il ne tient aucun compte des avertissements qui lui sont prodigués par mieux intentionnés qu'elle ; tant pis si elle ne cesse de le railler et de l'insulter bien au-delà de cette mesure qu'elle lui reprochait cyniquement de ne pas respecter (v. 6594-6596, p. 163). Plus que de chevalier courtois, il fait figure ici de ridicule.

### *Gauvain et la chevalerie*

Certes, il est bon combattant et courageux, mais c'est une nécessité de base pour tout héros de roman de chevalerie.

Mais il est relativement peu mis en valeur comme combattant : affrontements traditionnels brièvement racontés, affrontements renouvelés qui, même s'il s'en tire finalement bien, comportent des éléments jetant une ombre sur sa qualité de chevalier. Il s'agit du combat longuement narré contre la *commune* d'Escavalon où la prestigieuse Escalibur n'est pas sans se trouver compromise à servir de défense contre ceux que la compagne de Gauvain qualifiera de *chien enragé, pute servaille* (v. 5828-5983, p. 148). Et de celui, beaucoup plus expéditif, que, privé de son destrier Gringalet, il mène monté sur une invraisemblable haridelle (v. 7245 *sq.*, p. 177). Perceval progressait du *chaceor* (cheval pour la chasse) au *destrier* (cheval de guerre) ; Gauvain déchoit du *destrier* au *roncin* (cheval de somme).

D'autre part, s'il s'engage volontairement dans de périlleuses aventures, c'est surtout par souci de sa gloire et peu ou pas dans le souci d'un devoir de service.

À Montesclaire, il y a une jeune fille à libérer, mais si Gauvain choisit de tenter l'aventure, c'est à cause des éloges et de l'honneur qu'il en retirerait, et parce qu'il en rapporterait une fabuleuse épée ; la délivrance de la pucelle n'est que le moyen de ce résultat tant espéré (v. 4636-4644, p. 121-122). S'il tente l'aventure des bornes de Galvoie, c'est parce qu'il la perçoit comme un défi qui lui est lancé : personne avant lui n'en est revenu ; ce serait donc « vile lâcheté » de sa part s'il reculait alors qu'il désire « accroître et rehausser sa gloire » (v. 6529-6543, p. 161-162). Puisqu'il ne faut que du courage (v. 6631, p. 164) pour aller chercher le palefroi de l'Orgueilleuse, comment ne se précipiterait-il pas ? On pourrait en dire autant à propos d'aventures comme celle du Lit merveilleux ou du Gué périlleux qui, de par leur nature, ne peuvent servir qu'à sa gloire, hors toute considération du service d'autrui.

Enfin, on ira jusqu'à dire que certaines des situations dans lesquelles il se trouve font planer sur lui comme des ombres. Chevalier, on n'est pas en vain accusé de meurtre en trahison, pris à parti et mis à mal par des bourgeois et des rustres, réduit à chevaucher un cheval de somme, humilié par les paroles d'une femme. Perceval s'entendra reprocher beaucoup de choses et peut-être à plus juste titre que Gauvain mais pas celles-là qui entachent, à seulement être formulées et d'abord pensées, l'honneur d'un chevalier.

Dans cette perspective, ces aventures peu honorables servent à mettre en valeur un Perceval seule figure exemplaire du roman.

## ■ Pour un Gauvain héroïsé

Tout ce qui vient d'être passé en revue peut être présenté sous un autre jour.

### *La structure des aventures*

Elle n'est pas plus divaguante que celle des aventures de Perceval qui, de façon comparable, se trouve à Beaurepaire et au château du Roi Pêcheur en voulant retourner au manoir de sa mère. Si Gauvain finit immobilisé au château des Reines, Perceval pourrait bien être voué à une chevauchée sans fin.

### *Gauvain et les femmes*

On admirera l'infinie courtoisie avec laquelle il sait donner à chacune ce qu'elle attend de lui, avec une politesse qui n'est pas seulement celle des gestes et des mots mais celle du cœur.

Ému par une petite fille que son jeune âge empêche d'être objet de séduction, il risque en effet sa vie et son honneur pour lui donner ce qui sera sûrement son plus beau souvenir de ce temps où, encore enfant, elle se rêve déjà femme. Lui qui a su dominer la colère que faisaient monter en lui les railleries de toutes les dames et les demoiselles de la cour (toutes celles qui pouvaient présenter pour lui un intérêt de galanterie), en la présence de chevaliers (double honte cuisante) et garder raison pour être en mesure de défendre son honneur devant Guingambrésil, il renonce à cette sûreté en un geste un peu fou, par affection pour l'enfant « bonne et douce » à qui il peut en toute sincérité promettre qu'il ne l'oubliera pas même au temps où ses cheveux auront blanchi ; et il ne se montre pas inconstant en disant le lendemain à la fille du roi d'Escavalon qu'il sera « son chevalier jusqu'à la mort », car, avec elle, parler d'amour a le sens que deux adultes peuvent donner à ce mot.

À cette dernière il demande et donne ce qu'elle-même attend de lui et est prête à lui rendre : des baisers, des caresses, une rhétorique amoureuse dont ils savent l'un et l'autre ce qu'elle vaut, et elle n'est pas mensonge tant que les deux s'entendent sur le sens de ses mots.

Avec l'Orgueilleuse, il fera preuve d'une patience héroïque, allant certes au-delà d'une politesse courtoise. Loin d'être ridicule, il est admirable dans la pensée de Chrétien de Troyes : la preuve en est que ses mots, parfois ses silences, et ses comportements trouveront finalement le chemin du cœur de la jeune fille. Il saura lui inspirer confiance, l'amener à revoir un jugement injuste qui lui avait fait condamner tous les hommes parce qu'elle avait eu à se plaindre de l'un d'eux ; la confidence qu'elle lui fait de son passé, le regret exprimé de l'avoir traité de façon imméritée, cette conversion du repliement sur soi à l'ouverture sur autrui (v. 8769 *sq.*, p. 211-212) sont une des plus belles réussites de Gauvain.

Enfin, avec la vieille reine, il adopte un ton de politesse respectueuse infléchie par le souci de montrer à cette femme très âgée qu'il voit pourtant toujours une femme en elle :... « Avant de vous voir, je n'avais plus de goût à rien... et maintenant j'éprouve tant de joie que je ne pourrais en avoir plus » (v. 8117-8121, p. 195). Perceval n'atteint pas à cette délicatesse multiforme.

### *Gauvain et la chevalerie*

Alors que Perceval commet des fautes dans ses aventures, alors que la condamnation la plus grave est portée contre lui, parlant même non de faute mais de péché, que peut-on reprocher à Gauvain ? Ne connaît-il pas même des succès là où le nouveau chevalier échoue ?

Il n'y a pas de raison de douter de sa sincérité lorsqu'il se défend, non d'avoir tué le roi d'Escavalon mais de l'avoir fait en trahison. La recherche de la gloire, normale au demeurant pour un chevalier, s'accompagne chez lui de comportements désintéressés qui tendent à donner plaisir et joie à l'autre, et même à le faire revenir à une vie harmonieuse : nous en avons vu des exemples avec les personnages féminins. Alors que Perceval a tué sa mère, Gauvain honore sa grand-mère et sa mère et se met en peine de marier sa sœur.

Alors que Perceval, par son silence, a prolongé et augmenté les souffrances des habitants du château du Roi Pêcheur et du pays environnant, les paroles de Gauvain, les épreuves qu'il subit avec succès font de lui le seigneur d'un château de femmes où il réintroduira le nécessaire élément viril. Il va adouber les *vaslets* qui attendaient depuis si longtemps de l'être, les marier aux orphelines et protéger les veuves. Toutes les générations d'hommes, de ceux qui n'ont pas encore de barbe au menton à ceux qui l'ont toute blanche, et les trois générations de femmes, celles de sa grand-mère, de sa mère et de sa sœur, grâce à lui connaissent la joie. Dans *Erec et Énide*, la dernière épreuve du héros était celle dite de « la joie de la cour » et de la réussir marquait le couronnement de ses aventures. L'intitulé conviendrait au mieux à Gauvain ramenant la joie au château des Reines.

Si les chemins de Perceval et de Gauvain devaient en effet être différents, on dira alors que Gauvain s'est avancé sur le sien plus loin que Perceval. Se confirme donc la difficulté de se prononcer sur le personnage. Une aventure en particulier me paraît bien symboliser son ambiguïté (v. 7000 *sq.*, p. 172). On peut l'y voir soit en justicier protecteur des faibles et qui, loin de solder une querelle personnelle, n'est ici que l'instrument légitime du pouvoir royal ; soit en vengeur qui, dans le raffinement du supplice infligé, va au-delà de l'exercice d'un devoir de justice et se soucie moins de faire droit que de faire honte.

## ■ Pour un Gauvain complémentaire de Perceval

### *Structure des aventures*

Pour les deux personnages elle est comparable. Elle est binaire, comprenant d'abord une série d'épisodes qui se déroulent dans le monde arthurien. Dans les deux cas, l'accès – et, dans le cas de Perceval, la sortie – de ce monde sont marqués par des distorsions de l'espace et du temps ainsi que par la présence de personnages qui n'appartiennent pas à la commune humanité.

Le pays de Galvoie est défini comme le pays d'où nul chevalier ne revient (v. 6520-6524, p. 161), c'est-à-dire un monde des morts si celui qui renseigne le héros n'en est sorti qu'à l'état de mort-vivant (v. 6525-6553) ; Gauvain y retrouvera Ygerne, sa grand-mère morte depuis soixante ans ; le passeur qui lui donne accès au château des Reines est une sorte de Charon qui l'introduit dans un lieu où les repères temporels ne sont plus les nôtres : le roi Arthur y est perçu comme un enfant car on ne pense pas qu'il puisse avoir plus de 100 ans (v. 8087-8088, p. 195). Le château des Reines est bien une image recréée par Chrétien de Troyes, mais il l'a fait à partir de réminiscences diverses, y mêlant des au-delàs divers : il fait penser à la fois à l'Île de Verre, paradis de la tradition celtique, à la représentation médiévale et chrétienne de la Jérusalem céleste et aux Enfers antiques de l'*Énéide*.

Des personnages comme l'*eschacier*, l'unijambiste au pilon d'argent (v. 7566 *sq.*, p. 183-184) ou comme l'Orgueilleuse ne sont pas, ou pas seulement, des personnages humains de fiction. L'un est une figure démoniaque ou celle d'un dieu païen (l'iconographie médiévale représente parfois Saturne avec une jambe de bois), ici devenu une sorte de gardien des Enfers, un Pluton (= riche) comme l'est le bien renté estropié. L'autre tient de la fée celtique et de la sirène antique dans son acharnement à entraîner le héros au fond d'eaux mortelles ; avec ses railleries, elle incarne encore « le mauvais rire... que les sculpteurs romans ont caricaturé aux faces de leurs démons grimaçants » (Paule Le Rider).

### *Les aventures et leurs sens*

Dans l'Autre Monde, Perceval et Gauvain rentrent chez eux – la ressemblance phonétique des deux mots Galvoie/Gauvain est significative –, dans leur famille. Gauvain y retrouve des parentes : faut-il y voir une transposition dans l'au-delà de sa préférence dans l'ici-bas pour la compagnie féminine ? Perceval y retrouve une parente (sa cousine) et des parents : un cousin et deux oncles, en incluant l'ermite qui réside dans l'univers arthurien mais est aussi en contact avec le monde du Roi Pêcheur : si le manque de figure paternelle et masculine a caractérisé son enfance, est ainsi comblé le manque de sa jeunesse.

Les accusations qui pèsent sur eux se ressemblent aussi puisque tous deux s'entendent reprocher des homicides. Perceval a causé la mort de sa mère, Gauvain celle du vieux roi d'Escavalon et celle du cousin germain de Guiromelant (v. 8688 *sq.*, p. 208). Mais si on voit bien par quel chemin de repentir et de pénitence passait l'expiation de Perceval, on distingue mal celui réservé à Gauvain : ne payait-il pas sa faute par le renoncement aux armes à quoi équivaut son enfermement dans le château des Reines qui le réduisait à l'inactivité ? Ne la payait-il pas, en fait, de sa vie puisqu'en franchissant les bornes de Galvoie il entrait dans le pays de la mort ?

S'il en est ainsi, les aventures de Gauvain sont bien près d'être achevées là où le récit s'en arrête. Vainqueur des épreuves à valeur d'ordalie du château des Reines qu'il a réussies pour y parvenir et y être admis, « chevalier au lion » (le lion, équivalent du dragon, peut symboliser le Mal) qui a mis fin aux enchantements, « le meilleur de tous les hommes de valeur » (v. 7856, p. 189), « le soleil de toute chevalerie ». Salué par le passeur qui l'a aussi hébergé (v. 7791 *sq.*, p. 187), par les hommes qui résident au château (v. 7803 *sq.*, p. 188), par les suivantes des reines et par celle qu'il ne sait pas encore être sa sœur (v. 7817 *sq.*, p. 189), il est somptueusement accueilli et fêté (v. 7868 *sq.*, p. 190) et finalement reconnu par la reine aux tresses blanches comme le maître des lieux (v. 8032 *sq.*, p. 193). En évoquant tous les membres de leur famille, ceux de la Table Ronde (v. 8043, p. 193) et de la cour d'Arthur, sans oublier la reine Guenièvre (v. 8090 *sq.*, p. 195), c'est-à-dire tous ceux qui, vivant de l'autre côté de l'eau ne peuvent être avec eux, Ygerne ne peut qu'émettre un regret : « Plût à Dieu qu'ils fussent tous réunis avec vous ! » (v. 8064-8065, p. 194).

Alors que Perceval voyait dans les mondes des vivants et des morts deux univers bien distincts, rappelant aux gens de Beaurepaire l'inutilité du deuil (v. 2893), prenant son parti de la mort de sa mère en citant l'Évangile (« Les morts avec les morts, les vivants avec les vivants », v. 3568, p. 100), Gauvain et Ygerne rêvent à une réunion proche : est-ce seulement pour assister à son duel avec Guiromelant qu'il mande la cour d'Arthur ? La lance-qui-saigne dont il a juré la quête ne doit-elle pas anéantir le royaume de Logres (v. 6094-6097, p. 152) ? Il faut bien mourir pour accéder au château des Reines.

Si l'histoire de Perceval et de Gauvain s'achève sur un adieu à ces armes qui, tout le long du roman et de sa préhistoire (les morts du père de Perceval et de ses frères, celles du père et du cousin de Guiromelant) ne sont jamais magnifiées pour elles-mêmes mais seulement comme pouvant œuvrer pour le Bien, à force de règles qui en limitent l'usage et en ordonnent les fins, fins de justice et de paix qui tendent à montrer la contradiction profonde qu'il y a alors à y recourir, si la condamnation de la violence meurtrière du *bellator* – Gauvain a tué des chevaliers, c'est en voulant devenir chevalier que Perceval a causé la mort de sa mère – sous-tend constamment le récit, Chrétien de Troyes reprend là des thèmes que développent les clercs de son temps, en établissant une équivalence entre *militia* et *malitia*, entre l'état de guerrier et le mal, celui du démon dont le nom est le Malin. Il participe aussi à une réflexion sur les relations existant entre Chevalerie et Clergie. Pour lui, le chevalier n'a pas à devenir un lettré ou un savant mais à se garder de devenir un de ces mauvais anges, anges déchus assurément, qui battent la campagne et sont autant de massacreurs (v. 370-372, p. 41). Le dernier mot reviendrait-il à la Veuve Dame ? Qui entre dans « l'ordre le plus haut/... que Dieu a créé » (v. 1593-1594, p. 64) doit en même temps savoir que, même s'il ne tue pas en trahison, ses gestes meurtriers risquent de nourrir haine et guerre sans fin et qu'ils trouvent vite les limites de leur efficacité. Certes, Chrétien de Troyes ne montre pas une chevalerie en hiver et sa Table Ronde n'arbore pas encore les couleurs crépusculaires de la *Mort du roi Arthur*, mais la reverdie initiale du *Conte du Graal* ne trouve pas d'écho dans le temps sans saison du château des Reines. Qu'en est-il au château du *graal* ?

## 6 - ROI OU CHEVALIER ERRANT ?

L'inachèvement du *Conte du Graal* ménageait deux avenirs possibles au héros.

### ▪ Il pouvait devenir roi

Plusieurs des continuateurs de Chrétien de Troyes et des auteurs plus récents qui ont repris le personnage ont choisi cette solution : Perceval parvient à retrouver le château du Graal, guérit le Roi Pêcheur et lui succède. C'est une fin satisfaisante à maints égards. Parce qu'elle est heureuse et plaît au lecteur. Parce qu'elle est dans le droit fil des genres dont participe l'œuvre de Chrétien de Troyes : à la fin des contes, leurs héros, après bien des épreuves, connaissent la réussite et rendent l'harmonie à l'univers troublé qu'ils ont dû traverser ; de même, les personnages héroïques des romans de chevalerie doivent, pour s'affirmer, connaître des combats, voire des défaites, mais ils triomphent à la fin. Parce que, à la fin du XII^e^ siècle et encore plus tard, le roman ne connaît guère ce personnage qui nous est devenu familier depuis Flaubert, l'antihéros, qui passe sa vie à n'en rien faire et n'inscrit au compte de sa mémoire que de médiocres souvenirs de collégien (Frédéric dans l'*Éducation sentimentale*). Parce que certains éléments de la diégèse préparent cette issue.

Nous avons parlé de cette société médiévale que les clercs pensent comme « trifonctionnelle », partagée entre producteurs, guerriers et clercs. Selon ce système de représentation, le roi idéal doit rassembler des éléments des trois catégories. Or, tel est le cas de Perceval.

La première fonction associe fertilité et beauté ; si Perceval n'est pas, par lui-même un *laborator* (étymologiquement, c'est notre laboureur), s'il ne travaille pas de ses propres mains, il commence par vivre au sein d'un domaine agricole – ce qu'est le manoir de sa mère – et il est familier de ceux qui l'exploitent ; il porte de rustiques vêtements de paysan et il est pris pour l'un d'entre eux ; quant à sa beauté, elle est soulignée dès son premier passage à la cour d'Arthur, beauté naturelle puisqu'à ce moment, il est toujours habillé en rustre gallois.

Mais, dès le début, il est également porteur d'éléments qui le mettent en relation avec le second état, celui de guerrier (*bellator*) : son ascendance chevaleresque, des pratiques comme celle du cheval, de la chasse, de l'épée. Le guerrier peut être une figure de violence brute ou de force ordonnée. Perceval incarne d'abord la première (lors de sa victoire non réglée sur le Chevalier Vermeil), puis la seconde (après son apprentissage militaire et éthique auprès de Gornemant) : l'adoubement officialise son entrée dans la classe des guerriers, sous la forme médiévale du chevalier.

Enfin, sa libre parole d'enfance, adressée tant aux hommes qu'à Dieu, le désigne comme apte au troisième état, celui d'*orator*, « celui qui parle » tel est le terme désignant qui l'assume. Il convient bien à ce héros dont l'apprentissage le mieux détaillé est celui d'une parole dite à bon escient. Les deux formes de l'état sont ceux du légiste, dans l'ordre du politique, et du prêtre, dans celui du religieux. On a vu comment Perceval faisait de ses victoires guerrières l'occasion d'augmenter le pouvoir royal et comment son dernier apprentissage, auprès de l'ermite, tendait à faire de lui, non seulement un pieux chevalier chrétien mais aussi le détenteur d'une parole singulière adressée à la divinité.

## ■ Il pouvait demeurer « chevalier errant »

### *Perceval, un « chevalier errant »*

C'est la première fois que nous employons cette expression, absente du *Conte du Graal*; et pourtant, Chrétien de Troyes est bien le créateur de ce type littéraire destiné à un avenir tel qu'il est structurellement lié au roman de chevalerie comme genre.

Le personnage apparaît dès son premier roman et on l'y retrouve dans tous: dans le *Conte du Graal*, le héros-titre et Gauvain en sont deux exemples types. Les successeurs immédiats de Chrétien de Troyes utiliseront le terme de façon récurrente, sous la forme du groupe nominal qu'il a gardée. Dans le *Chevalier au lion*, le romancier parle d'un *chevalier errant/qui aventure aloit querant* (« un chevalier de passage en quête d'aventures »).

Le terme « errant » dérive de deux verbes latins: *itinerare* (= se déplacer, voyager) et *errare* (= aller au hasard). Le chevalier errant est donc d'abord un chevalier-voyageur: dans l'Histoire, c'est celui qui va de tournoi en tournoi dans le but intéressé d'en gagner les prix (dans le *Conte du Graal*, certains des tournoyeurs de Tintagel pouvaient en être) ou celui qui se met en quête d'un seigneur ou d'un roi à qui il louerait ses services d'homme d'armes, devenant un *soldoier* (celui qui touche une solde, d'où le moderne soldat) : il n'y en a pas dans le *Conte du Graal*, mais d'autres romans du temps en donnent des exemples. « Errant » au sens de voyageur, sans être encore chevalier, Perceval l'est quand il se rend de chez sa mère à la cour d'Arthur ; adoubé il devient chevalier errant quand il prend la route pour, en sens inverse, retourner au manoir, à partir du château de Gornemant, puis de celui de Blanchefleur.

Mais ces chemins, en principe balisés, ont vite fait de se brouiller : cherchant à regagner au plus tôt le domaine maternel, Perceval se retrouve à Beaurepaire, puis au château du Roi Pêcheur. Le plus souvent, le chevalier en quête qui, par définition, a un but, n'a pas vraiment d'itinéraire fixé, ni dans le temps, ni dans l'espace. Gauvain se rend à Montesclaire, mais où est Montesclaire ? Combien de journées de chevauchée cela lui prendra-t-il ? Le flou est total lorsque le lieu à gagner est merveilleux : le faire échapper aux coordonnées spatio-temporelles normales est une façon de le définir comme tel.

Si le but s'inscrit au bout d'une route mal définie, voire in(dé)finie, c'est la route elle-même qui prend de l'importance ; ce sont les détours avec les aventures non prévues dont elle est le lieu de surgissement. Celles-ci pourront prendre le pas sur la fin initialement recherchée. Il est plus important pour Perceval de passer par Beaurepaire et par le château du Roi Pêcheur (cœur élu du roman) que de revenir chez sa mère : sa mort signifie d'ailleurs cela, que la voie de son fils est ailleurs. N'en est-il pas de même pour Gauvain ? La priorité au départ donnée au rendez-vous judiciaire pris avec Guingambrésil a d'abord du mal à être niée, puis s'affirme paradoxalement à Escavalon (là où il se rend, il entreprend tout autre chose que ce qu'il est venu faire) ; quant à la quête de la lance-qui-saigne, elle risque de ne pas aboutir : elle devient problématique quand se multiplient les aventures connexes au pays de Galvoie ; elle pourrait bien être interrompue, que Gauvain soit retenu prisonnier ou devenu roi au château des Reines.

L'errance peut aussi ne pas avoir d'autre but qu'elle-même : c'est le cas du personnage défini dans le *Chevalier au lion*. Il n'y en a pas dans le *Conte du Graal*, sauf si on pense qu'en quittant l'ermite la démarche du héros va prendre cette orientation. C'est le sens que prendra de plus en plus le terme de chevalier errant dans la littérature : au début type du roman de chevalerie, et pas seulement du roman arthurien, le héros nouvellement adoubé fait serment de ne pas coucher plus d'une nuit dans le même endroit et, armé de pied en cap, part sur son cheval s'en remettant au hasard, c'est-à-dire au romancier, d'*aventures trover qui a conter face* (« de trouver des aventures qui vaillent d'être racontées »).

Enfin si, à force d'aventures, on peut arriver à l'issue d'une quête ou se satisfaire d'en multiplier les rencontres, on peut aussi se perdre, momentanément ou définitivement. Errer prend alors le sens de s'égarer : l'errance de Perceval qui dure cinq ans pendant lesquels il oublie le temps et Dieu, entre cour d'Arthur et ermitage de son oncle, appartient à cette catégorie, qui n'est pas, de loin, la plus fréquente.

Un cavalier en armes et une route, c'est évidemment une structure simple, mais riche de possibilités pour un romancier. Dans le *Conte du Graal*, elle s'avère adéquate aussi bien aux apprentissages du héros (chaque rencontre est un enrichissement) qu'à la quête de Gauvain (chaque étape lui est occasion de montrer qui il est).

### *Modalités et fin de l'« errance » littéraire*

Si la présence continue du roi à la cour est nécessaire parce qu'il est le symbole vivant du royaume, celle des chevaliers est impensable : ils n'ont pas loisir d'y exercer leur fonction de guerriers, sauf en de ludiques substituts comme la chasse ou les tournois. Ne pouvant y faire preuve du courage qui est leur vertu propre, ils y deviennent des chevaliers « recréants », de ceux qu'on stigmatise parce qu'on les considère comme des lâches. L'errance, choisie d'emblée pour elle-même ou suite à un vœu de quête, permet au contraire au chevalier d'affirmer son caractère héroïque.

Il part seul, contrairement à ce qui se passait dans le réel du temps où un combattant à cheval nécessitait, pour l'assister, la présence de plusieurs hommes à pied. Livré à ses seules forces, il ne pourra compter que sur lui-même pour triompher.

Il passe alternativement par deux lieux types. Le *lieu ouvert* de la chevauchée, la route qui traverse la forêt et qui, conventionnellement, ne lui fait jamais défaut même s'il ignore où elle le mène. En elle-même déjà, la forêt est un élément héroïsant car lié à la notion d'une sauvagerie et, parfois, d'une relation avec le monde diabolique, qui ne cesse de menacer l'homme. Y passer ses jours est une manière d'exploit. Les ermites qui y passent aussi leurs nuits sont des hommes de Dieu et reconstruisent autour d'eux, entre hutte, chapelle et jardin, un enclos miniature de l'abbaye, du château et de la ville forte, *lieux clos* où l'errant trouve, le soir venu, la protection des murs et la compagnie des hommes.

Les obstacles rencontrés sont littérairement choisis pour mettre en valeur l'efficacité, la vaillance, l'endurance du chevalier. Il sera donc dispensé du mauvais temps qui ne pourrait que rouiller son armure et contre lequel il ne peut rien faire. En revanche, une rivière ou un gué à franchir peuvent tester l'habileté du cavalier et son courage à s'y risquer, lourdement armé, alors qu'il ne sait pas nager ; l'aventure du « gué périlleux » (dont Gauvain fait l'expérience dans le *Conte du Graal*) est topique du genre, surtout lorsque le lieu s'accompagne d'un chevalier qui le garde. La route est, par définition, endroit de rencontres qui s'avéreront dangereuses, à la volonté du narrateur, et se solderont par des combats.

Mais l'espace clos de la halte, lieu du bel accueil courtois, dans le palais du château ou de la ville forte, peut aussi être le lieu d'aventures périlleuses, et Chrétien de Troyes l'a choisi avec prédilection. C'est là que ses héros seront le plus mis en danger, là aussi qu'ils connaîtront leurs pires mésaventures.

Si le combat singulier est nécessairement au cœur de l'aventure du chevalier errant, sa mise en œuvre lui permet de faire ses preuves dans d'autres registres que celui de l'efficacité aux armes. Il y a bien des nuances au courage : oser entreprendre, ne pas s'avouer vaincu. Les façons de se battre mettent en valeur la loyauté, la générosité. Les raisons pour lesquelles on se bat montrent aussi le chevalier en figure éthique : l'aide des femmes *desconseillies* revient à plusieurs reprises pour Perceval ; le sens de l'honneur de Gauvain sera mis à rude(s) épreuve(s).

Si la solitude de l'aventure fait partie de son caractère héroïque, celle-ci ne remplit toute sa fonction qu'en étant connue. Ce qu'y cherche le chevalier, c'est une gloire qui ne peut lui être donnée que par la reconnaissance de ses pairs. Prennent ainsi leur sens le retour périodique à la cour où est fait le récit des exploits, l'envoi à la cour des chevaliers vaincus qui feront connaître les hauts faits de leurs vainqueurs.

### *L'avenir des chevaliers errants*

Chrétien de Troyes aurait-il donné à Perceval cet avenir comme fin ? Et lui aurait-il opposé un Gauvain achevant sa vie dans la stabilité au château des Reines ?

Le chevalier errant est promis à un très long avenir littéraire. Jusqu'à la fin du Moyen Âge et au-delà, avec les mises en prose des premiers romans en vers ainsi qu'avec la création d'autres personnages, comme *Amadis de Gaule* (XVe siècle) et tant d'autres, en Espagne et en Italie surtout. Le dernier et le plus illustre d'entre eux est le *Don Quichote* de Cervantès. On a trop dit qu'il y avait là un anti-roman de chevalerie dont le héros avait été rendu fou par leur lecture. D'abord Cervantès fait une soigneuse distinction entre les romans qu'a lus son protagoniste. Ceux d'un genre selon lui dégradé dans un irréalisme absurde où les héros ne mangent, ni ne boivent, ni ne dorment, et les autres, plus anciens, où l'héroïsme ne se confondait pas avec l'extravagance : il n'aurait pas renié ceux de Chrétien de Troyes où les personnages plongent, le soir, dans un sommeil profond après avoir mangé et bu tout leur content, et où un cheval déferré empêche la poursuite de l'aventure. D'autre part, si, dans la première partie des « aventures de l'ingénieux hidalgo de la Manche », la quête de la gloire personnelle présente un aspect ostentatoire et heurte le sens commun d'un écuyer plein de bon sens, la seconde montre peut-être un fou mais, face à lui, des êtres médiocres, moqueurs et incapables de grandeur. La sagesse retrouvée de l'agonisant fend le cœur et ne donne pas raison à tous ceux qui l'ont méconnu.

Jusqu'à l'époque contemporaine, le schéma de l'errance chevaleresque, sous des costumes divers, a nourri la structure de mainte œuvre romanesque. Une étude de la science fiction, entre errance et quête du Graal, alimenterait tout un rayonnage de bibliothèque. On nommera seulement *Le Seigneur des anneaux* de J. R. R. Tolkien et l'(encore) inachevée *Tour Sombre* de Stephen King. On finira sur une œuvre française comme on a commencé. Jean Giono qui connaissait le *Conte du Graal* de Chrétien de Troyes et la *Quête du Saint Graal*, les a présents à l'esprit quand il compose le Cycle du hussard et plus précisément *Le Hussard sur le toit*: son jeune officier italien – Angelo comme Perceval était simple, comme Galaad était angélique – sur son cheval noir, armé mais sans uniforme, *carbonaro* un temps exilé, rentre en Italie, d'Aix-en-Provence à la frontière des Alpes, à travers le pays de Lure ravagé par le choléra. Les routes où il faut se battre, la maison où on rencontre l'amour, la jeune femme qu'il faut escorter (même si elle est moins *desconseillie* que celles de Chrétien de Troyes), les prisons d'où il faut s'échapper, les malades qu'on voudrait tant savoir guérir – et le regard de l'aimée qui fonde ou non notre propre estime, on a là les décors, les personnages, les situations de cette chevalerie errante « dont Chrétien de Troyes fut le père » (Marie-Luce Chênerie).

# 3

# LE MYTHE DU GRAAL

## Le *graal* de Chrétien de Troyes

Le *graal* occupe très peu de place dans ce *Conte* à qui, pourtant, il donne son nom, selon ce que Chrétien de Troyes affirme de son livre-source : « le meilleur conte / jamais conté en cour royale / c'est le conte du *graal* / dont le comte lui a remis le livre » (v. 62-65, p. 34). Une seule scène le donne à voir (v. 3128-3248, p. 92-94) sur pas plus de 120 vers. Il n'y a pas d'exemple de texte aussi bref qui ait donné lieu, jusqu'à la fin du Moyen Âge, dans tout l'espace européen, à autant de réécritures et de nouvelles *conjointures*, et qui, au-delà et jusqu'à l'époque contemporaine, ait nourri autant de rêves et de fantasmes.

Chrétien de Troyes est le premier à avoir participé dans des proportions encore modestes, à ce développement : sa scène du *graal* est enchâssée dans un plus vaste ensemble qui couvre le passage de Perceval au château du Roi Pêcheur (v. 2914-3368, p. 89-96) sur plus de 400 vers; de surcroît, elle est commentée à trois reprises, par la cousine du héros (v. 3404-3626, p. 97-99), par la Laide Demoiselle (v. 4574-4613, p. 120-121) et par l'ermite (v. 6280-6358, p. 157); il faut y ajouter quelques vers concernant la lance-qui-saigne (v. 6092-6096, p. 152).

## 1 - PERCEVAL AU CHÂTEAU DU *GRAAL*: LES TRACES DE *MERVEILLE*

### ▪ La *merveille* latente

L'art de Chrétien de Troyes consiste à mêler le rationnel (ce qui s'explique, ce qui est cohérent avec l'univers, premier degré de la fiction, dans lequel il a placé ses personnages) et ce qui ne l'est pas (ce qui ne s'explique pas, ce qui nous introduit dans un univers, lui aussi, de fiction, mais à un deuxième degré). D'autre part, l'ensemble de la séquence est, à de rares exceptions près, racontée du point de vue de Perceval; là où ses interrogations restent sans réponse, les nôtres le sont aussi; s'y ajoutent celles que nous nous posons, différentes des siennes. Enfin première et deuxième lectures amènent des commentaires différents, fonction d'informations reçues entre-temps; mais il n'est pas évident que celles-ci apportent plus de clarté... ce peut même être le contraire.

La *conjointure* du temps et de l'espace est faite pour semer constamment le trouble dans l'esprit du lecteur. L'arrivée au château se fait de façon réaliste: la rive devenue impossible à suivre à cause de la falaise, la rivière impossible à franchir (« ni lac, ni pont, ni gué » qui permette le passage à un cavalier), le sentier qui permet d'atteindre le sommet du coteau, la déception du paysage vide immédiatement rectifiée par la vue de la maison forte dans le vallon. Et si on juge que la façon dont les tours se montrent au regard de Perceval a quelque chose d'une apparition (*Lors vit devant lui en un val / Le chief d'une tor qui parut*, v. 2988-2889, p. 89), il n'est que de comparer avec l'arrivée au château de Gornemant pour en être moins sûr (*Et vit les tors do chastel nestre; / Avis li fu qu'eles nessoient*, v. 1276-1277, p. 58). Si le plan intérieur (la salle de réception est de plain-pied avec l'entrée) est rare (généralement, on y accède par un escalier), celui de Carduel est identique (v. 864 *sq.*, p. 51); la même remarque vaut pour la forme carrée de cette salle (Carduel, v. 863-864; château du Roi Pêcheur, v. 3020-3021, p. 90). La tenue somptueuse de l'hôte, zibeline et pourpre (v. 3024 *sq.*) surprend? Mais c'est ainsi qu'était vêtue Blanchefleur (v. 1756 *sq.*, p. 66-67). Le temps est marqué par les étapes coutumières du rituel d'hospitalité courtois dont Chrétien de Troyes n'omet aucune donnée.

Mais ils sont mêlés avec d'autres qui y introduisent le registre de la *merveille*, d'abord par petites touches qui font seulement question(s), avant qu'il ne s'impose de façon massive et irréfutable. La fin de la séquence, pour réutiliser la tonalité mitigée du début, n'en confirme pas moins le château du Roi Pêcheur dans son statut de château merveilleux.

Le texte est truffé de notations induisant des questions qui, pour n'être pas posées dans la diégèse, ne s'en imposent pas moins au lecteur.

Elles concernent d'abord la représentation de l'espace et du temps. Comment le pêcheur que Perceval a laissé dans sa barque peut-il l'avoir devancé au château?

D'autre part, si le Roi Pêcheur connaît Beaurepaire, ce qui constitue un élément de continuité avec l'aventure précédente, il s'étonne de la distance parcourue en une journée par un cavalier qui a dû partir avant le point du jour; or, Perceval s'est mis en route *prime sonnée* (« à dix heures passées », v. 3066, p. 91). De même, quand, au sortir du château, il rencontre sa cousine, il lui semble que son lieu d'étape est encore à portée de voix, son cheval ne donne aucun signe de fatigue et lui-même n'en ressent aucune, alors que, selon elle, dans un rayon de cinquante lieues (ce qui ferait deux, voire trois journées normales de chevauchée) il n'y a pas de « logis convenable » (v. 3405 *sq.*); cependant, dès qu'il confirme avoir été fort bien hébergé à proximité, elle émet une hypothèse: « Était-ce chez le Riche Roi Pêcheur? » (v. 3433). C'est donc qu'il y a solution de continuité entre le château et l'espace qui l'entoure. Cette coupure est rendue évidente dans l'image qui, par sa brutalité, frôle le burlesque, de Perceval devant à une ruade précipitée de son cheval de franchir, sans tomber dans les douves, un pont-levis qui se relève soudainement, sans que personne ne soit là pour le manœuvrer (v. 3340-3351, p. 95-96).

Elles sont aussi introduites par les images de luxe qui jalonnent la description de l'intérieur du château, lesquelles contrastent avec un extérieur ordinaire. Les dimensions de la salle et le matériau de la cheminée surprennent déjà (v. 3032-3039, p. 90): même à la cour d'Arthur, le héros n'a rien vu de tel. On notera aussi la table (… et non une « Tour », p. 93) faite d'une seule planche d'ivoire (v. 3199-3202)… mais quel animal a pu la fournir? Si le dîner est d'une abondance et d'une qualité princières, il y a là de quoi réjouir l'invité et lui faire honneur, mais pas nécessairement davantage; en revanche, la collation-souper, qui passe de rares fruits secs à de savantes préparations médicinales avant de revenir à l'énumération de plus familiers vins aux épices peut faire s'interroger : Perceval – comme nous – s'en émerveille, mais, explique le narrateur en une rare remarque de commentaire, c'est « parce qu'il n'y était pas habitué » (v. 3273). Et nous, donc ! Feignant de nous éviter une fausse piste, Chrétien de Troyes ne nous pousse-t-il pas au contraire sur un chemin sans issue en insinuant la normalité de la scène ?

Enfin, les personnages eux-mêmes sont liés au mystère. Un puissant seigneur chasse, mais ne pêche pas, à plus forte raison dans une très modeste barque, avec une ligne appâtée d'un vairon. Les jeunes gens préposés à l'accueil ont disparu le lendemain matin (v. 3297 *sq.*, p. 95). L'explication que Perceval s'en donne (« ils sont allés inspecter pièges et collets dans la forêt ») ne vaut évidemment rien : un hôte courtois ne laisserait pas son invité se réveiller dans une habitation désertée.

## ■ La *merveille* évidente

Sur cette trame d'énigmes suggérées se détachent trois scènes, dont deux s'enchaînent immédiatement, où la *merveille* s'impose.

La première est celle de la remise de l'épée à Perceval (v. 3068-3124, p. 91-92). Geste de « très grand honneur » que l'offrande de cette arme somptueuse par sa décoration et du meilleur acier pour sa lame. Offrande, déjà, sans exemple, d'un hôte, même riche et généreux, à un invité de passage à qui il n'est redevable de rien. Offrande dont l'origine pose question(s) : qui est cette nièce du seigneur qui la lui envoie pour qu'il la remette à qui en ferait bon usage ? Où réside-t-elle ? Comment se fait-il que l'épée arrive à point nommé pour être transmise comme il convient ? Comment faut-il entendre la formule du

Roi Pêcheur à Perceval : « Cette épée vous a été attribuée et destinée » (*jugiee e destinee*, v. 3106) ? Epée en elle-même étrange : si la signature du forgeron, gravée sur la lame, peut y être aisément lisible, comment le Roi Pêcheur peut-il y déchiffrer son histoire à venir (v. 3076-3081) et comment l'artisan en a-t-il eu connaissance ? Offrande qui, enfin, paraît être un cadeau empoisonné, puisque l'arme est appelée à se briser un jour « en un unique péril », et que le Roi Pêcheur n'en dit mot à Perceval. Présent d'honneur à un nouveau chevalier, cette épée met aussi en jeu des forces obscures, malveillantes et dont l'inscription en ce monde n'est pas possible.

La seconde scène est, peu après, celle de la lance-qui-saigne. Un jeune homme, sorti d'une chambre, traverse la salle, porteur d'une lance dont la hampe blanche (on peut comprendre qu'elle est de bois peint de blanc) et le fer argenté permettent de distinguer nettement la goutte de sang rouge qui coule de sa pointe jusqu'à la main du porteur, lequel gagne une autre chambre. À ce propos, l'auteur emploie le mot *merveille* – il ne s'agit plus là du seul point de vue d'un *nice* personnage. En ancien français, ce terme désigne tout ce que l'on ne s'explique pas : ce peut être aussi bien par ignorance, par incompréhension que parce qu'on se trouve en présence d'un phénomène surnaturel. Cette fois, une question s'impose à Perceval : elle porte sur l'aspect impossible de la scène (« comment pareille chose advenait »). Une autre question allait de soi : quelle est cette lance qui est portée dans la salle d'un palais où les armes n'ont pas de place ? Perceval s'est, selon la coutume, désarmé avant d'y entrer et a remis l'épée offerte au préposé à leur garde (v. 3120-3122, p. 92).

Enfin, la troisième scène est celle où va intervenir le *graal* (v. 3151-3180, p. 92-93). Deux jeunes gens portant des candélabres allumés précèdent deux jeunes filles, l'une portant à deux mains un *graal*, l'autre un plat à découper en argent (*tailleoir*). Le *graal* est présenté comme un objet d'orfèvrerie, d'or incrusté de pierres précieuses, et comme rayonnant d'une lumière venant de lui-même et non de l'éclairage environnant ; mais le narrateur n'utilise pas de nouveau le terme *merveille.* Là encore, Perceval s'interroge. Sa question est de nature très différente de la première ; dans sa banalité, elle montre que, pour lui, l'usage du *graal* va de soi : il ne se demande pas à quoi il sert mais qui l'on en sert. Il l'appréhende donc comme un plat de service faisant couple avec le plat à découper. La suite de la scène offre en parallèle un repas dans la salle du château, décrit avec force détails, luxueusement servi pour Perceval et son hôte, où le *tailleoir* joue le rôle attendu et où les plats se succèdent, et un repas imaginé, induit par les passages réitérés de la porteuse du *graal.* Les deux services achevés, le merveilleux tend à s'amuïr, sans cependant disparaître entièrement, et cela jusqu'au départ de Perceval.

Quant à la raison de son silence, à ce stade de l'histoire, la raison donnée nous renvoie aux apprentissages du héros dans le monde de la chevalerie courtoise. Le rustre *vaslet* gallois s'était fait reprocher de trop parler, le nouveau chevalier s'efforce à plus de discrétion. Cependant, une double intervention d'auteur établit un écart d'information entre personnage et lecteur : le narrateur avertit que, pour bien intentionné qu'il soit, ce silence aura de fâcheuses conséquences au demeurant non précisées (v. 3182-3191 et v. 3236, p. 92 et 93). C'est signifier que le registre de la politesse courtoise n'était pas, ici, le bon.

La *conjointure* de Chrétien de Troyes aboutit à un Perceval frustré pour n'avoir pas obtenu de réponses aux questions qu'il n'a pas posées, mais cela n'implique pas qu'il soit trop tard. Cette présentation laisse le lecteur, lui aussi, dans un état de grande perplexité car, s'il n'a pas eu de réponses aux questions du héros, il sait qu'elles pourraient être de plus de portée que celui-ci ne l'envisage, et il s'en pose d'autres encore.

## 2 - LES RÉPONSES DE CHRÉTIEN DE TROYES

### ■ Les explications de la cousine de Perceval (v. 3404-3626, p. 97-99)

Pour l'épée, la jeune fille apprend au héros ce que nous savons (le bris à venir de la lame) et aussi où réside son forgeron qui, seul, pourra la réparer. En l'absence de l'avènement de cette annonce dans l'espace du texte conservé, il est impossible d'apprécier l'intention de l'auteur.

De façon plus utilisable, les explications de la jeune fille concernent d'abord l'hôte de Perceval. L'histoire rapportée rationalise des faits au premier abord surprenants. Blessé au combat à l'articulation des hanches, il est resté infirme : il ne peut plus ni chevaucher, ni marcher, ni même se tenir assis ; la pêche est la seule distraction extérieure qui lui reste, il se fait porter dans une couverture d'une pièce à l'autre, il ne peut se lever pour saluer un invité, il se tient sur un lit à moitié allongé, comme Perceval l'a constaté. Son passe-temps favori et sa condition royale lui ont valu le surnom de « Riche Roi Pêcheur »... Mais quel est son royaume et en quel conflit a-t-il reçu cette funeste blessure ?

Elles concernent aussi ce qui est arrivé à Perceval. Il (et nous) apprend/apprenons quelles conséquences néfastes aura son mutisme : sa parole aurait guéri l'infirme qui serait redevenu capable de gouverner ses terres ; son silence va prolonger et même augmenter le malheur du roi et des siens. Quant à la raison de ce silence, la jeune fille en donne une explication qui n'a rien à voir avec celle du héros : « Cela t'est arrivé / à cause du péché qui touche à ta mère / quand elle est morte de chagrin pour toi ».

Les questions restent sans réponse, mais l'ensemble de la scène est complètement repensé ; on passe à un autre niveau de sens. Perceval se situait dans l'opposition vilain/courtois ; son interlocutrice l'introduit à une opposition Mal/Bien qui ne correspond plus à celle de la honte et de l'honneur mais à celle de la charité et de l'indifférence à autrui. Perceval n'a pas vu en sa mère son prochain : il s'est comporté comme ceux qui, dans le récit évangélique (Luc, 10, 29-33), avant l'intervention du Bon Samaritain, sont passés devant le blessé sans s'arrêter. À cette aune d'appréhension des conduites, il n'est plus question d'impolitesse mais de péché : c'est la première fois que le mot et la notion trouvent place dans le *Conte du Graal*. Péché originel de Perceval, son indifférence à sa mère l'entache d'une culpabilité qui diminue l'intégrité de sa bonne nature et le rend incapable de prononcer les bonnes paroles, celles qui guérissent les individus – de corps et d'âme – et sont sources de bien pour tous. Cependant si le terme de péché appartient au registre religieux, et plus précisément chrétien, pour ce XIIe siècle de Chrétien de Troyes, on note que la jeune fille ne parle pas de Dieu. La guérison par la parole conserve donc un aspect d'opération magique plus que d'intervention miraculeuse – aussi bien, le romancier employait-il le multivalent *merveille* et n'écrivait pas « miracle » qui aurait dissipé la *merveille* en identifiant sa source. Le discours de la jeune fille ne nourrit pas davantage une démarche de retour sur soi du héros : la mort de sa mère est pour lui une nouvelle qui modifie ses projets et le laisse seulement dans l'incertitude de ce qu'il pourrait faire pour amender son être et devenir capable de prononcer les questions tues.

C'est à ce moment d'échec que le héros trouve son nom : Perceval, le Gallois aussitôt reformulé en Malheureux (*Chaitis*) par sa cousine. Si Perceval lui demeure acquis, le surnom marque un état, situé dans le temps, d'une personnalité. Ces explications n'en sont donc pas vraiment. Si le héros et le lecteur y apprennent des choses ignorées jusque-là, toutes les questions posées sont loin de trouver leurs réponses et il s'en pose d'autres avec le nouvel éclairage, non complètement précisé, que la scène du *graal* reçoit.

## ▪ L'intervention de la Laide Demoiselle (v. 4574-4613, p. 120-121)

Elle n'apporte guère de nouveau. De ton beaucoup plus violent (Perceval le Malheureux y devient Perceval le Maudit), elle réitère l'affirmation d'une culpabilité accentuée par l'évocation insistante des malheurs dont le héros est la cause : « Les dames en perdront leurs maris, / les terres en seront ruinées, / les jeunes filles resteront sans secours ». Si, antérieurement, il avait sauvé Blanchefleur et Beaurepaire, voilà qu'il a causé la perte d'un roi et d'un royaume. La référence à Fortune et à la chance manquée nous introduit dans un registre où le Destin et l'irrémédiable vouent l'homme au remords et à l'impuissance – loin du Dieu de charité du prologue.

Le *redit tot el* de Perceval sonne comme un refus de l'impasse : il affirme son intention de se mettre en quête, sans limitation de temps, pour trouver la réponse aux deux questions qu'il n'a pas posées mais sans s'interroger sur les vraies raisons de son échec. Il est donc cohérent que cinq ans d'exploits chevaleresques accumulés ne le fassent en rien progresser. Pour pouvoir avancer, il a besoin qu'on lui parle à nouveau, conjointement, de son péché et du *graal*.

## ▪ L'interprétation de l'ermite (v. 6280-6358, p. 157)

« Un péché dont tu ne sais mot » (v. 6319) dit l'ermite à Perceval, en lui détaillant les circonstances de la mort de sa mère. Or, sa cousine l'en a déjà averti dans les mêmes termes. Mais le mot n'a pas été compris par le héros : si, maintenant, il s'avoue coupable de « n'avoir fait que le mal » depuis cinq ans, dans l'accomplissement de pourtant vertueux actes de chevalerie, selon l'éthique courtoise, il fait remonter cet état de péché au silence qu'il a gardé à la vue de la lance et du *graal*. Le « péché de [sa] mère », il n'en dit mot. Or, c'est lui qui a été la cause du silence : « Pour le péché que tu en as, / il advint que tu n'as rien demandé... Le péché te trancha la langue ». Certes, le vivant doit laisser les morts avec les morts et se tourner vers les vivants : mais il doit le faire sans oublier de se repentir et de faire pénitence pour les péchés commis envers les morts ; entre les uns et les autres s'établit une solidarité de prières (la mère a prié pour son fils, sans quoi il serait mort) et d'actions (les actes pieux et vertueux dont l'ermite trace le programme à Perceval) à condition que Dieu soit la fin de toutes.

Dans cette vision christianisée des choses prend place un *graal* lui-même devenu « un objet si saint », portant non pas, comme sa forme et sa taille auraient pu le faire croire, des poissons de prix pour la table d'un prince mais une hostie pour la nourriture d'un vieil homme devenu quasiment « un pur esprit » : le *graal* intervient bien dans un service de table, mais d'un festin spirituel et son rayonnement, émané de lui-même ou de l'hostie, vient de Dieu.

À ce stade de l'histoire, si Perceval (et nous) savons « qui l'on sert avec le *graal* », lui (et nous) ignorons pourquoi la lance saigne. Et nous ne savons pas ce qu'est vraiment le *graal* : nous connaissons sa *semblance* (celle d'un plat de service) mais pas sa *senefiance*, s'il en a une. « Un objet si saint », c'est dire à la fois beaucoup et très peu.

En l'état d'inachèvement du texte, nous n'en apprendrons pas plus sur le *graal* ni la lance de Chrétien de Troyes. Nous ne savons pas ce qu'il en advient des aventures entrevues comme possibles, ni des liens qu'elles auraient entretenus les unes avec les autres. Et de nouvelles questions se posent encore. Sur le *graal* (La réponse à la question qui le concerne étant connue, comment peut se reformuler la parole qui guérirait le roi blessé et ramènerait la joie en son royaume ?), la lance (Apprenait-on pourquoi elle saigne ? Est-ce Gauvain qui devenait définitivement le héros de sa quête ?). On en ajoutera une autre : Chrétien de Troyes avait-il établi un lien entre le bris annoncé de l'épée entre les mains de Perceval, et la prière aux noms de Dieu à ne réciter qu'en cas de plus grand péril ?

## 3 - LES COMMENTAIRES DES CRITIQUES

La critique s'accorde à penser que Chrétien de Troyes n'a pas totalement inventé sa scène du *graal*, mais elle s'est beaucoup divisée sur la nature de ses sources et le *san* qu'il a voulu donner à leur *conjointure*.

## ▪ Le mot *graal*

Ce terme, présenté par Chrétien de Troyes comme un nom commun est rare mais attesté à son époque sous des formes diverses en langue d'oc et d'oïl, au sens d'écuelle ou de plat. Il peut désigner l'écuelle que, coutumièrement, deux convives attablés côte à côte partageaient ; un des continuateurs de Chrétien de Troyes y verra un plat servant à présenter de grosses pièces de venaison, et Chrétien de Troyes lui-même le montre comme destiné à contenir de gros poissons (saumons, lamproies, brochets, v. 6347, p. 157). Un texte latin du début du XIIIe siècle le définit comme « une écuelle large et assez profonde où l'on a l'habitude de servir des mets de prix chez les puissants ». Le même auteur précise qu'un *graal* est généralement fait d'un métal précieux. En somme, c'est ce que nous appelons aujourd'hui, dans les services de table, un plat long creux.

L'étymologie du mot n'est pas évidente. Sans doute a-t-il d'abord désigné un objet de modeste facture, une sorte de claie (lat. *cratis*) en osier, puis divers instruments en bois, terre ou métal, ayant en commun une forme évasée et une certaine profondeur. Au dernier stade de l'évolution, chez Chrétien de Troyes et ses contemporains, l'objet aurait gardé sa forme, mais acquis une valeur aristocratique que lui aurait conférée la fabrication dans des matériaux nobles.

Le Moyen Âge, féru d'étymologie, mais selon des procédés peu scientifiques à nos yeux, a fait dériver *graal* de *gradatim* (parce que les mets étaient présentés aux convives dans les *graals* successivement et dans un certain ordre) ou de *grata* (parce que la présentation des mets y était agréable) ; à partir de cette seconde étymologie de fantaisie, certains auteurs ont abouti à la définition du *graal* qui sert les convives « à gré », mêlant jeu de mots et moralisation symbolique et religieuse : le *graal* qui sert « à gré » est aussi le *graal* qui répand la grâce divine (Jean Frappier).

## ■ La scène du *graal*

Elle a été l'objet de multiples interprétations qui déçoivent quand elles tendent à vouloir rendre compte de tous les éléments qui la composent. Mais chacune à sa façon dit quelque chose d'un texte dont toutes, réunies, soulignent la richesse et l'impossibilité de le ramener à une seule base d'explication.

Certains ont cherché une source orientale à la procession du *graal*. Ils l'ont rattachée à un culte de la fécondité et de la végétation en rapport avec ceux d'Atys ou d'Osiris qui se réfèrent au rythme des saisons et le voient « comme une alternance de deuils et de résurrections » (Jean Frappier), ce qui vaut pour le Roi Pêcheur mutilé, sans doute dans sa virilité, et, par voie de conséquence, pour son royaume.

D'autres y ont vu la combinaison de deux rites liturgiques chrétiens : le port de la communion aux malades et le rite orthodoxe dit de la Grande Entrée. Dans ce dernier, on entaillait en croix un pain eucharistique avec un couteau rappelant la lance dont le Christ avait été frappé au flanc selon les Évangiles.

Ces deux théories laissent de côté plusieurs éléments de la scène : la lance-qui-saigne n'a pas de place dans la première, le passage répété du *graal* n'en a pas dans la seconde ; il n'est pas, en revanche, question de pain chez Chrétien de Troyes. Ni dans l'une, ni dans l'autre, les questions à poser ne trouvent leur place exacte. C'est aussi aller chercher loin ce que le romancier champenois avait à sa disposition plus près de lui.

Il était en effet en contact direct, par Wace, les contes bretons oraux ou écrits, sans oublier le livre de Philippe d'Alsace, avec cette matière celtique, irlandaise et galloise, qui fournissait déjà à son œuvre son cadre et ses personnages. On trouve dans ce légendaire de nombreux éléments qui ont pu lui servir de source pour sa scène du *graal*. Mais, là encore, il ne faut pas s'attendre à trouver un conte qui rendrait raison de tout ; il faut plutôt inventorier les morceaux d'un puzzle à partir desquels Chrétien de Troyes aurait fait une *conjointure* personnelle susceptible d'en modifier le *san* initial : les révélations de l'ermite sur le *graal* porteur d'une hostie témoignent à l'évidence d'une christianisation de la scène. C'est entre un fonds ancien empreint de merveilleux celtique et une nouvelle composition qui tend à faire sa place au miracle chrétien qu'on peut dégager la marque personnelle de l'auteur.

Le *graal* « serait l'un des récipients merveilleux dont parlent beaucoup de récits celtiques : coupes... écuelles qui possèdent la vertu magique de dispenser boisson et nourriture » (Jean Frappier). On trouverait trace de cette origine dans les allers et retours successifs du *graal* jusqu'à la chambre du vieux roi, inutiles pour transporter une seule hostie. Chrétien de Troyes, tout en lui conservant de façon latente, un caractère de talisman magique en aurait fait, à la fois, une pièce d'orfèvrerie digne de figurer dans un service de bouche royal et « une chose si sainte » vouée à contenir, peut-être même à produire, l'hostie ; mais il ne va pas jusqu'à en faire une relique du Christ comme ses continuateurs.

La lance, rouge de feu ou de sang, instrument de vengeance et de destruction est aussi bien attestée dans la mythologie celtique. Chrétien de Troyes atténue son aspect de violence déchaînée dans le cortège du *graal*, mais le lui redonne dans l'annonce faite à Gauvain

(v. 6092-6096, p. 152). Il surimpose à cette source une vision suggérée, celle de la lande de Longin, le centurion de l'Évangile frappant le Christ au cœur. L'iconographie médiévale a souvent figuré la scène où l'officier aveugle retrouve la vue (et trouve la foi) en se frottant les yeux avec le sang qui, coulant le long de la hampe de son arme, lui avait mouillé la main. Associée à la mort sacrificielle du Christ, cette lance l'est à la dimension rédemptrice de la Passion, mais aussi à la justice sévère que Dieu fera des pécheurs – le Moyen Âge emploie l'expression de *Venjance Jesu Crist.*

Le Roi Pêcheur pourrait être un dieu celtique de la mer, dieu pêcheur de poisson, animal symbole de fécondité, bien affaibli, il est vrai, en roi infirme hantant les eaux à sa portée. Ces données peuvent facilement recevoir une coloration chrétienne : le personnage prend alors un aspect de Christ souffrant, pêcheur d'hommes (comme Jésus le dira de ses disciples) – et quelle belle prise que l'âme du jeune Perceval ! Quant à celui-ci, à partir du moment où ses questions dont nous avons vu qu'elles avaient une origine folklorique, sont mises en relation avec la notion de péché, de personnage de conte d'aventures, il devient héros de conte pieux.

Enfin, le cortège du *graal*, reprenant le motif de la procession des objets talismaniques originaires de l'Autre Monde, avec sa forme de croix vivante, rappelant le sacrifice du Crucifié, reçoit aussi une *senefiance* chrétienne.

Rien de tout cela n'est explicite chez Chrétien de Troyes. Tout n'est, au plus, que suggéré. Ses continuateurs amèneront au jour clair de l'évidence ce qu'il s'était plu à laisser dans l'incertitude de l'énigme. En cela leurs *conjointures* diffèrent du tout au tout.

## 4 - LES CONTINUATIONS DU *CONTE DU GRAAL*

On désigne sous ce titre un certain nombre de récits, toujours en vers, écrits pendant le premier tiers du XIIIe siècle et dont l'ambition est de poursuivre et, idéalement, de terminer le roman laissé inachevé par Chrétien de Troyes.

La longueur de ces textes (qui totalisent, en leurs différentes versions, plus de 60 000 vers) montre non tant l'embarras de leurs auteurs à conclure que leur volonté d'exploiter les procédés d'écriture et les personnages mis en place dans le *Conte du Graal*. Le type du chevalier « qui va errant par monts et par vaux pour gagner de l'honneur et les louanges des hommes » (p. 269) trouve sa justification littéraire dans une errance sans fin, c'est-à-dire dans une multiplication d'aventures qui permet au narrateur de faire la preuve de son habileté d'invention (très rarement), de variation (le plus souvent). Si les trouvères s'efforcent de donner à leur héros des justifications intradiégétiques pour expliquer ses raisons à hésiter de régner au château du Graal, si, après l'y avoir ramené – le récit de Chrétien de Troyes y incitait –, ils l'en éloignent à nouveau, parce qu'il lui resterait des aventures à achever, c'est bien qu'à le faire roi, ou, ce qui revient au même, ermite, à l'amener, par obligation ou vœu à respecter la stabilité, ce serait en finir avec l'histoire et, par là même, tuer leur propre activité.

On distingue traditionnellement quatre continuations du *Conte du Graal*.

La première, dont on connaît trois rédactions, comprenant de 9 000 à 20 000 vers, écrites, pour la plus ancienne avant 1200, pour la plus tardive après 1225, compile un certain nombre de lais qui ont Gauvain pour héros et laisse complètement de côté Perceval. Ces différentes versions laissent inachevé le *Conte du Graal* puisque, si Gauvain y passe par le château du Roi Pêcheur, il n'accomplit pas toutes les aventures proposées. Le traitement du Graal y connaît une double évolution divergente : accentuation du merveilleux païen (développement du motif de l'épée brisée à ressouder) et chrétien : la lance est, ici, assimilée à celle du centurion de l'Évangile ; dans les rédactions les plus tardives, le Graal est présenté comme une relique de la Cène et de la Passion ; sur ce point, c'est l'influence de Robert de Boron qui se fait sentir.

La deuxième, dite *Continuation* Perceval, a été écrite vers 1210. En un peu moins de 15 000 vers, elle rapporte de nombreuses aventures de Perceval, entrelacées avec quelques séquences beaucoup plus brèves où Gauvain réapparaît. Là encore, le narrateur n'achève pas le *Conte du Graal*: de retour au château du Roi Pêcheur, Perceval pose les questions mais échoue à ressouder complètement l'épée brisée. Le Graal y est, comme dans les versions les plus tardives de la première Continuation, le vase où a été recueilli le sang de Jésus crucifié.

La troisième, attribuée à Manessier, est nettement plus tardive, puisque son auteur connaît la *Quête du Saint Graal* en prose et lui emprunte plusieurs épisodes. En un peu plus de 10 000 vers, le *Conte du Graal* trouve ici son dénouement. Après son retour au château du Roi Pêcheur où il se fait expliquer la signification du Graal, de la lance-qui-saigne et de l'épée brisée, Perceval se voit chargé de venger le Roi Pêcheur de celui qui a causé sa blessure. La nouvelle de sa réussite suffira à rendre la santé au roi qui, cependant, meurt peu après – ce qui permet à Perceval de lui succéder. Après sept ans de règne, il se retire dans un ermitage où il finira prêtre. Après sa mort, le Graal et la lance regagnent le ciel.

Enfin, vers 1225-1235, Gerbert de Montreuil écrit en 17000 vers sa propre suite au *Conte du Graal*: Perceval se rend auprès du forgeron Trébuchet qui ressoude l'épée brisée, épouse Blanchefleur et revient au château du Roi Pêcheur qu'il ne peut guérir. Il n'y a pas de fin donnée à l'histoire et les copistes prendront l'habitude d'insérer ce récit à l'intérieur de la troisième Continuation, avant le dernier épisode de celle-ci.

Prolongeant le *Conte du Graal*, les continuations donnent parfois l'impression de le réécrire à l'identique. Elles ramènent Perceval au château de Gornemant, à Beaurepaire auprès de Blanchefleur, au château du Roi Pêcheur, parfois à plusieurs reprises. Ces passages réitérés sont eux-mêmes l'occasion de développements, qui reprennent plus qu'il ne varient ceux de Chrétien de Troyes. C'est ainsi qu'un retour à Beaurepaire nous vaudra une description de la ville qui ressemblera trait pour trait à celle de la florissante Escavalon (p. 237-238); la description du dîner (p. 239-240), celle de la nuit d'amour (p. 240-242), redoublée lors d'une autre étape (p. 318-319) reprendront très exactement celles du *Conte du Graal*; bien sûr, Perceval devra à nouveau combattre pour Blanchefleur (p. 289-290) et le continuateur réutilisera si bien le schéma de son prédécesseur qu'on y verra détaillées à nouveau les discussions sur le sort à réserver aux vaincus. Gerbert de Montreuil s'essaie à refaire le portrait de la Laide Demoiselle en sorcière (p. 304-305), mais sa seule marque personnelle est d'attribuer la hideur du personnage à ses péchés dont elle serait à la fois la manifestation visible et la punition.

La christianisation du Graal mise en œuvre dans les Continuations n'est pas non plus le fait de leurs auteurs. Patente dans les versions les plus tardives elle trouve sa source dans les romans qui, à partir de Robert de Boron, c'est-à-dire depuis les premières années du XIII^e siècle, y ont vu une relique du Christ. Là encore, de nombreuses scènes sont démarquées du *Lancelot* en prose (rencontre de Perceval et d'Hector qui s'affrontent sans s'être reconnus et mourraient de leurs blessures s'ils n'étaient miraculeusement guéris par une apparition nocturne du Graal, p. 326-330) ou de la *Quête du Saint Graal* (chevauchée nocturne de Perceval sur un diabolique cheval noir qui le ferait se noyer si, au dernier moment, il n'était sauvé par un opportun signe de croix ; scènes de tentations sensuelles par une jeune fille-diable, p. 278-284 ; histoire d'Evalac-Mordrain puni pour ses péchés d'une blessure inguérissable, p. 347-351).

Certes, comme nous l'avons expliqué au début de cette étude et comme nous le reverrons à propos des romans du Graal en prose, l'écriture médiévale se fonde sur des rapports d'intertextualité. Mais ce qui est notable dans les exemples précédents, c'est l'absence d'innovation dans la *conjointure*, c'est-à-dire de ce qui, selon Chrétien de Troyes lui-même, fait la marque de qui réécrit. La plupart du temps, ces auteurs confondent le mieux, l'autre et le plus : ils rajoutent quelques coups au combat, quelques plats au dîner, là précisément où leur prédécesseur se piquait de brièveté. On lira dans cette perspective la longue description de la fête donnée pour les noces de Perceval et Blanchefleur (p. 312-323).

Parfois cependant, on peut vraiment parler de réécriture. Dans l'ordre de la microstructure, on pense à l'explication donnée à la laideur de la sorcière (mentionnée ci-dessus) ou à cette idée, absente de la *Quête du Saint-Graal*, qui fait tenter Perceval non par une quelconque figure féminine mais par un simulacre de Blanchefleur. De façon plus large, on notera une façon intéressante d'associer merveilleux magique et surnaturel chrétien. Formés à une rationalité qui les distingue, nous avons tendance à voir une contradiction dans une utilisation qui les réunit. Si cette attitude d'esprit était, le plus souvent, celle des théologiens, toujours prêts à détecter quelque diablerie suspecte dans la présence des fées, si, dans les romans du Graal, on voit progressivement se réduire la part du merveilleux au profit de celle du surnaturel – ou de ce qui est présenté comme tel, car il ne faut pas oublier que toute la littérature du Graal n'a rien de canoniquement chrétien –, on constate que les suggestions de Chrétien de Troyes ou les affirmations de ses continuateurs ne sont pas embarrassées par ces mélanges.

Une colonne magique érigée par l'enchanteur Merlin qui élit le meilleur chevalier du monde est entourée de croix en une association qui nous paraît sans doute plus surprenante qu'au public médiéval (p. 254-255). La séquence où Perceval rencontre un enfant qui grimpe dans un arbre jusqu'à y disparaître après l'avoir encouragé (p. 252-253), un arbre éclairé de chandelles qui s'éteignent à son approche (p. 259-260), une chapelle mystérieusement illuminée elle aussi, puis plongée dans des ténèbres par une gigantesque main noire qui éteint jusqu'au dernier cierge (p. 260) reçoit ensuite (p. 269-273) toute une série d'explications qui mettent ces scènes en relation avec « le mystère du Saint Graal et de la lance » (p. 262) ; il reste qu'en elles-mêmes, ce sont des visions plus merveilleuses que religieuses. Un onguent que Rabelais aurait qualifié d'« élixir ressuscitatif » (p. 304-305) permet à une vieille sorcière, par ailleurs capable de prédire exactement à

Perceval son avenir de roi du Graal, de ressusciter par simple recollement les morts ayant perdu leur tête au combat. Le Siège périlleux qui ne permettra qu'au meilleur chevalier (ce sera, en particulier, le plus chaste) de l'occuper a été instauré par une fée (p. 341 *sq.*). Ces alliances de registres montrent comment croyances anciennes et « nouvelle foi » peuvent être associées, comme ces sources miraculeuses des temps païens baptisées par la construction d'une chapelle dédiée à quelque saint ou sainte sur qui se reportent le culte et le rôle protecteur des plus vieilles divinités.

Des continuateurs de Chrétien de Troyes, celui qui donne le plus d'inflexions personnelles à la *matiere* qu'il exploite, est Gerbert de Montreuil. Il insiste sur la conversion morale nécessaire au chevalier qui, allant « par le pays pour acquérir gloire et renommée », pourrait bien, selon lui, n'y trouver au contraire que « la damnation de son âme » (p. 277). Il met aussi l'accent sur la vertu de chasteté et sur la normalité sexuelle. Si Perceval veut se marier, c'est « afin de vivre purement » (p. 310). Allant plus loin, Blanchefleur et lui, le soir de leurs noces, décideront non seulement de ne pas consommer immédiatement leur union – ce qui était assez coutumier – mais de vivre continûment dans cette chasteté qui est « au-dessus de tout » (p. 323). Quant au Siège périlleux, si Perceval peut s'y asseoir sans risque, contrairement aux six chevaliers qui s'y sont essayés avec lui, c'est pour n'avoir jamais pris son plaisir avec des garçons (p. 343-345) : un des rares textes de langue vernaculaire qui évoque de façon obvie les relations homosexuelles.

# 4

# ÉCHOS ET CORRESPONDANCES

## 1 - DU ROMAN MÉDIÉVAL... LE *PARZIVAL* DE WOLFRAM VON ESCHENBACH

Le *Parzival*[1] de Wolfram écrit une fin possible du roman de Perceval et de Gauvain et du *Conte du Graal*: Gauvain quitte le château des Reines avec ses occupant(e)s, épouse l'Orgueilleuse et préside au mariage de sa sœur avec son prétendant; Perceval retourne au château du Graal, pose la question tue lors de son premier passage, guérit le roi blessé et lui succède.

### ■ Sources

De Wolfram nous ne savons pas plus que de Chrétien de Troyes. On s'accorde à voir en lui un che-

1. Le *Parzival* est divisé en XVI livres. Pour les citations, nous nous contenterons d'une référence à ces grandes divisions.

valier pauvre – il se donne pour tel – et à considérer que le *Parzival* a été écrit pendant la première décennie du XIIIe siècle. On lui connaît plusieurs mécènes, mais pas celui qui lui aurait commandé le *Parzival* – celui ou celle ? Deux allusions dans le cours du récit évoquent « la femme pour laquelle j'ai écrit » (XVI).

Contrairement à Chrétien de Troyes qui, d'un « conte d'aventures » voulait faire « une très belle composition » et qui se servait aussi de livres pour écrire ses romans, Wolfram déclare ne surtout pas vouloir écrire un livre savant, mais plutôt un « conte ». Il déclare mettre bien au dessus de l'écriture des vers les exploits chevaleresques et se targue même de ne savoir ni lire ni écrire (II). Faut-il l'en croire ? Sa connaissance minutieuse du *Conte du Graal* de Chrétien de Troyes, celle, très précise, de nombreux ouvrages de ses contemporains (en particulier des adaptations de l'*Érec* et de l'*Yvain* de Chrétien de Troyes par Hartmann von Aue), l'ampleur de la *matiere* mise en œuvre dans *Parzival* et sa construction complexe, la science dont il y fait preuve touchant aux vertus des pierres précieuses et à l'astronomie-astrologie permettent d'en douter.

Au demeurant fier (aussi) de ses talents d'auteur (« Pour conter la suite de cette histoire, il faut un homme qui sache présenter avec art les aventures, qui s'entende à tourner les rimes », VI), il oppose en fait – ce qui est original à son époque – ceux qui puisent leur art d'écrire à des sources livresques et son propre usage : [C'est à]… « mon talent poétique que je dois mes capacités » (*Willehalm*, chanson de geste inachevée). Cela ne l'empêche pas de se réclamer, pour l'écriture de *Parzival*, de deux sources : Chrétien de Troyes à qui il reproche d'avoir « fait du tort au conte en ne rapportant pas la vérité » et un certain Kyot le Provençal, qui, lui, en a « donné la version exacte » (XVI). On n'a jamais retrouvé trace de ce Kyot. A-t-il existé ou Wolfram a-t-il inventé tout ce qui, chez lui, ne vient pas de Chrétien de Troyes ? On l'ignore toujours.

## ■ Le *Parzival* comme roman de Perceval et de Gauvain

En dépit de ses réserves affichées vis à vis de Chrétien de Troyes, Wolfram l'a suivi plutôt fidèlement sur ce point. On retrouve, pour les deux personnages, dans le même ordre chronologique, avec le même procédé de narration entrelacée, les mêmes aventures. Cela va de pair avec des modifications touchant à leur sens et à leur écriture.

Les apprentissages de Parzival y sont débarrassés des remarques sur les qualités à mettre en œuvre pour une éducation réussie, chez le maître et chez l'élève. Le narrateur renonce à l'usage d'un temps symbolique marquant les étapes-types par lesquelles passe le *nice vaslet* pour devenir un chevalier courtois. Son récit est seulement celui d'une formation certes accélérée, mais scandée en termes de semaines et de mois. L'inspiration tardive du nom, les circonstances d'échec dans lesquelles elle a lieu ont aussi posé problème à Wolfram : aussi est-ce la cousine du héros qui le lui apprend, peu après qu'il a quitté le manoir maternel, au cours d'une première rencontre qui ne se trouve pas chez Chrétien de Troyes. Pour Gauvain, la seule innovation importante se trouve dans l'épisode du château des Reines. Wolfram a redonné à celles-ci ainsi qu'à Gauvain des rôles plus traditionnels : elles sont retenues prisonnières en ce lieu et il les en libérera. Du coup, le clerc qui a instauré les enchantements du château, prend plus d'importance : c'est lui le maître du domaine et, sous le nom de Clinschor, tout en restant un personnage humain, il devient une figure inquiétante de sorcier. On peut y ajouter le mariage de Gauvain avec l'Orgueilleuse, ce qui innove par rapport au caractère traditionnellement galant, autrement dit changeant du personnage.

Plus qu'aux deux protagonistes, les innovations touchent aux autres personnages et à leur environnement. Wolfram idéalise les chevaliers présentés sous un jour critique par Chrétien de Troyes. Tous sont fiers et hardis pour le moins et s'il rapporte d'eux des actions répréhensibles, il en donne des explications qui les excusent. C'est ainsi que le Chevalier Vermeil est venu à la cour d'Arthur soutenir son droit dans une contestation où il est la victime : « il était pur de tout reproche », et sa mort sera solennellement pleurée par toute la cour, à commencer par la reine Guenièvre qui voit en lui celui qui devait l'emporter en renom sur tous les chevaliers de la Table Ronde. L'Orgueilleux croyait son honneur conjugal bafoué. Keu lui-même est doué d'« une bravoure qui l'avait poussé à se lancer hardiment dans maint combat » ; c'est un homme « courageux, fidèle et avisé que des méchants ont su rendre odieux ». Cette bienveillance s'étend aussi aux personnages féminins : la galante fille du roi d'Escavalon devient « la chaste, la douce Antikonie qui jamais n'eut en elle ombre de fausseté » (VIII).

Surtout, le récit s'élargit, en faisant plus de place à d'autres personnages et à des communautés. La Table Ronde est systématiquement évoquée lors des cours tenues par le roi Arthur. Plus que d'être un objet, elle désigne l'élite des vassaux d'Arthur : « La Table Ronde est perdue d'honneur. L'ennemi a pénétré jusque dans les cordes de nos tentes » (VI), s'écrie un écuyer. Dans le discours accusateur de Cundrie, (la Laide Demoiselle de Chrétien) Parzival a déshonoré la Table Ronde, ou plutôt c'est elle qui s'est déshonorée en l'intronisant :

« la Table Ronde a cessé d'être car la déloyauté y a trouvé place ». Sa forme ronde en fait un lieu de rassemblement sans place d'honneur où tous sont pairs et compagnons. Au livre XV, en une scène de retrouvailles, de fête et de joie générales y sont réunis Arthur et sa cour, avec Gauvain, Parzival et son frère d'Orient, Feirefiz. Elle est le centre convivial du monde arthurien et son symbole. Les deux premiers livres du *Parzival* élargissent le temps et l'espace du récit. Wolfram raconte l'histoire de Gamuret, père du héros, qui nous emmène d'Occident en Orient : il quitte l'Anjou pour aller se mettre, lui, chrétien, au service du calife de Bagdad, puis d'une reine maure, Sarrasine elle aussi et dont il aura un fils, Feirefiz ; ensuite la narration nous ramènera en Occident, avec un passage par l'Espagne (Séville) pour revenir en Anjou et dans les deux Bretagne : c'est dans le monde breton qu'il épousera Herzeloïde, la future mère de Parzival. Un cercle est bouclé, qui se rouvre pour, à nouveau, laisser Gamuret repartir pour Bagdad où il trouvera la mort.

Ce lien Orient-Occident sera maintenu à une étape charnière du récit, lors de l'épisode à la cour d'Arthur où Cundrie maudit Parzival : elle lui oppose Feirefiz, digne fils de son père, frère lointain déjà conquérant d'un vaste royaume. Les deux derniers livres ramènent Feirefiz en Occident. Il y est une sorte d'Alexandre à l'envers, venu d'Orient, subjuguant tous les royaumes sur son passage. Les deux frères s'affrontent sans se connaître et ne peuvent se départager. Quand ils découvrent qui ils sont, ils cessent toute hostilité. Ils gagnent de concert le proche château du Graal : Parzival appelé à y régner coiffe en quelque sorte d'une royauté supérieure Arthur qui demeure roi de l'Occident et Feirefiz qui trouve femme en la personne de Repanse de Joye, la porteuse du Graal, après s'être converti, et repart pour l'Orient où il poursuivra ses conquêtes jusqu'aux

Indes. Tandis que le fils de Parzival, Lohengrin, sera appelé à succéder à son père au château du Graal, celui de Feirefiz deviendra, sous le nom de Prêtre Jean – nom que le Moyen Âge a donné à un souverain, chrétien, supposé régner dans l'Asie des steppes – souverain d'un Orient devenu extrême. Le *Parzival* de Wolfram devient ainsi une histoire de l'œkoumène, c'est-à-dire de l'ensemble des terres habitées, dont le monde arthurien de la Table Ronde et l'Anjou de Gamuret ne sont que des composantes.

## ▪ Un autre conte du Graal

### *L'objet graal*

Un procédé de dévoilement progressif, commun à Chrétien de Troyes et à Wolfram, nous apprendra des choses très différentes sur la nature et le rôle du Graal, qui mérite ici sa majuscule car il s'agit d'un objet unique et d'origine céleste. La scène du Graal, plus décrite par le narrateur que vue par le héros, les révélations de sa cousine et celles de l'ermite, avec des éléments d'information apportés par le récit peuvent se résumer ainsi : c'est l'astronome-astrologue Flegetanis qui a lu le nom du Graal dans les étoiles ; venu du ciel, il a été déposé sur terre par des anges qui, trop purs eux-mêmes pour y séjourner, en ont confié la garde à des hommes « devenus chrétiens par le baptême et aussi purs que des anges » (IX).

Le nom de cet objet surnaturel est *lapsit exilis*: dans ces deux mots d'un latin approximatif, la critique a souvent lu une déformation de *lapis e coelis* (la pierre venue des cieux), ce qui correspond bien à la représentation donnée par Wolfram. Cette pierre ne tire pas d'elle-même ses vertus mais de la relation qu'elle a gardée avec son origine céleste : chaque année, le Vendredi saint, une colombe descendue du ciel – messagère céleste et symbole chrétien du Saint-Esprit – y dépose une hostie. C'est cette hostie qui fait d'elle une source de vie : ici, le Graal sert à gré ceux qui se trouvent en sa présence. C'est ce dont Parzival avait fait l'expérience lors de son premier passage au château : le Graal, demeuré dans la grande salle du dîner, matérialise les mets souhaités par chacun : « L'auguste compagnie recevait du Graal toute sa subsistance » (V). Wolfram insiste sur la matérialité, la variété et la profusion de cette nourriture et il y reviendra dans le banquet du livre XVI : « il y en avait plus encore que lors du repas que je vous ai déjà conté ». Ce processus est quotidien : la nourriture des chevaliers-gardes est assurée ainsi, et par des chasses dont le Graal garantit aussi l'abondance ; la sœur de Parzival, recluse par chagrin d'amour, est nourrie de la même façon. Et si un vieux roi est bien, lui aussi, alimenté dans une chambre attenante à la grande salle, ce n'est pas une hostie qui suffit spirituellement à entretenir ses dernières forces.

Le Graal est au centre de manifestations miraculeuses : la production de nourriture s'apparente aux miracles du Christ multipliant pains et poissons ; il est, de surcroît, pierre de jouvence (il arrête le processus de vieillissement) et d'immortalité (il empêche de mourir qui le contemple régulièrement). Sur ses bords, des inscriptions apparaissent parfois, pour s'effacer sitôt lues : elles donnent les noms des jeunes gens et jeunes filles appelés à assurer son service au château, celui de la jeune fille destinée à épouser le roi-gardien et, dans des circonstances exceptionnelles, le nom de celui-ci – ce sera le cas de Parzival.

Objet sacré, le Graal ne peut être touché ni servi en son château par n'importe qui : celle qui le porte doit être « d'une pureté parfaite et s'abstenir de toute pensée déloyale » (V) ; quiconque n'est pas baptisé ne peut le voir : ce sera le cas du païen Feirefiz ; on n'arrive au château du Graal que par la volonté du ciel. Au-delà de ces éléments qui cernent sa nature et ses forces, le Graal, dit plus énigmatiquement le narrateur, est « un objet si auguste que le paradis n'a rien de plus beau, chose parfaite à qui rien ne manquait, à la fois racine et floraison… la fleur de toute félicité ».

Quant à la lance-qui-saigne, sa présentation, disjointe de celle du Graal, est aussi différente de celle de Chrétien de Troyes. Son porteur déclenche pleurs, lamentations et cris sur son passage. Des malheureux habitants du château, le narrateur écrit : « La lance avait ravivé leur grande douleur ». Ce spectacle pathétique devrait émouvoir Parzival et prend tout son sens quand, au-delà de l'objet Graal, on considère l'existence et l'histoire de ce monde que Wolfram a construit autour de lui.

### *Le Graal, Parzival et ses péchés*

Wolfram a gardé le motif des (pour lui : de la) question(s) à poser, mais il l'a évidemment modifié. La question « Qui l'on en sert ? » n'avait plus de raison d'être puisque le Graal ne quittait pas la salle du dîner. Celle concernant la lance a été supprimée aussi, mais l'idée qui la sous-tendait a été gardée.

Le château du Graal est présenté comme un univers de souffrance. Certes, celle-ci est plutôt affirmée par le narrateur s'adressant au lecteur : le pêcheur et les habitants du château sont dits accablés de tristesse ; le Roi Pêcheur (Anfortas) « avait depuis longtemps payé son tribut à la joie, sa vie était celle d'un moribond » ; les habitants s'abstiennent de toute activité de divertissement. Cependant si tous « cachent leur tristesse, s'associant à la joie de leur hôte », ils lui avouent : « Nous sommes accablés de tristesse ». Leurs cris et leurs gémissements au passage de la lance renseignent aussi Parzival sur leur état d'âme. Or, il ne réagit que par l'indifférence. Lors du cortège du Graal, c'est la beauté des jeunes filles qui attire son regard, et s'il retient des questions, c'est à la vue de toutes ces merveilles de luxe et d'abondance. Quant à l'épée, remise afin de l'inciter à poser des questions, elle n'en suscite pas davantage.

Au sortir du château, dans les mêmes conditions que chez Chrétien de Troyes, un écuyer invisible le traite d'« oison » pour s'être tu : « Vous avez, par votre indifférence, renoncé à acquérir la plus haute gloire ». Sigune, sa cousine, lui dira encore qu'il a ainsi « perdu à jamais [sa] réputation et [son] honneur de chevalier ». À parler, il serait devenu le maître de toute créature, la toute-puissance lui aurait été dévolue. Et elle lui révélera, avec la question qu'il aurait dû poser, la nature de sa culpabilité : « Vous auriez dû prendre en pitié votre hôte... et demander d'où venait sa détresse » (V). Faute contre la charité donc. Faute irréparable qui lui vaut d'être condamné par les hommes et damné par Dieu, selon Cundrie (VI).

Parzival sombre dans une tristesse qui confine au désespoir. Il s'en prend aux hommes qui le condamnent sans être conscients de son tourment et surtout à Dieu en des termes d'une audace réelle en ce temps de reconnaissance unanime d'une Providence régissant le monde : « Qu'est-ce-que Dieu ? », va-t-il jusqu'à s'interroger en mettant en doute sa toute-puissance ou sa bonté. Serviteur dévoué, il s'estime injustement privé de la grâce de Dieu. Alors que, chez Chrétien de Troyes, il en venait à oublier Dieu, il s'agit ici d'une démarche consciente et volontaire : « À partir de maintenant, je refuserai de le servir ; s'il me poursuit de sa haine, je m'y résignerai ». Affirmant à la fois que

« toutes ses pensées vont vers le Graal » et que son épouse sera la seule inspiratrice de sa prouesse, il serait dans une impasse si, tout en écrivant que parviennent seuls au château du Graal ceux que Dieu en estime dignes, Wolfram ne considérait pas aussi – différemment de Chrétien de Troyes – que les exploits chevaleresques sont un moyen d'acquérir cette dignité : « Il ne va plus cesser d'accomplir les hauts faits de chevalerie qui doivent le conduire au Graal » (VI).

Plusieurs années plus tard, Parzival se trouve en effet à proximité du château, mais pas assez purifié de ses péchés pour être admis au retour. Sigune lui recommande de suivre les traces de Cundrie vers le château... mais il les perd. Il affronte un chevalier du Graal et lui prend son cheval... mais le cavalier se dérobe. Ces échecs le plongent à chaque fois dans une tristesse renouvelée, et la rencontre des pèlerins ne le convainc pas : « Je suis courroucé en mon cœur contre Celui vers qui se tourne leur amour ardent et dont ils espèrent le secours. À moi Dieu n'a voulu accorder aucun secours » (IX). Cependant, il donne en quelque sorte une dernière chance à ce Dieu en s'abandonnant au pas de son cheval, s'en remettant à la bonté de la Providence de l'acheminer : « Va, suis les voies choisies par Dieu », dit-il à l'animal. C'est ainsi qu'il arrive chez l'ermite Trevrizent.

S'il s'avoue pécheur, comme chez Chrétien de Troyes, il persiste dans ce que le religieux appelle sa colère contre Dieu. « Je suis en mon cœur irrité contre Dieu », dira-t-il. Les discours de l'ermite, beaucoup plus développés que chez Chrétien de Troyes, présentent les éléments d'une catéchèse qui répond en quelque sorte au « Qu'est-ce que Dieu ? » de Parzival ; elle a pour base le rappel d'une histoire sainte qui remonte aux premiers temps. C'est là que l'histoire du héros, de son lignage, du monde arthurien, etc. s'inscrit dans celle de toutes les générations d'hommes : elles ne sont que des cas d'espèce d'une histoire universelle. Dieu ne saurait manquer de foi à personne, « soyez [donc] ferme en votre foi et ne cédez jamais au doute ». Mais il ne supporte pas non plus la déloyauté de ses créatures. C'est la raison pour laquelle il a condamné à « recevoir les noires couleurs de l'Enfer » les anges qui se sont rebellés contre lui ; c'est pourquoi il a puni Adam et Ève : « il a avec un empressement loyal combattu la déloyauté ». Le fidèle doit donc, faisant confiance à Dieu, ne pas « être inconsidéré en paroles et en actions », « ne pas chercher à se venger de ses souffrances par des paroles de démesure ». Pécheur, Parzival doit se repentir, expier ses fautes, demeurer « humble, pur de tout orgueil ». Il dépend de chacun – un philosophe ou un théologien parlerait de libre arbitre – de choisir d'acquérir l'amour de Dieu et, par là, de passer de cet état de tristesse qui accable Perceval à un état de douce joie.

Les fautes de Parzival sont au nombre de trois et toutes sont des fautes contre l'amour du prochain, apparentées, fût-ce de loin, à cette haine qui a dressé Caïn contre son frère Abel – et ce n'est pas un hasard si c'est contre des membres de sa famille qu'à trois reprises il a péché. Il a manqué à guérir son oncle Anfortas, le roi blessé en ne l'interrogeant pas sur son malheur, ce en quoi il a « manqué à un loyal amour ». Il a tué un de ses parents, le Chevalier Vermeil, en un combat injustifié. Il a causé la mort de sa mère. Ces trois péchés, si graves qu'ils soient, ne le condamnent pas définitivement. Les paroles de Cundrie ne font pas autorité. Trevrizent parle de repentir et d'expiation, pas de damnation. « Puis-je te redonner assez confiance en toi-même pour que tu puisses acquérir gloire et renom et cesser de désespérer de Dieu !... Ton péché, je le garde. Devant Dieu, je serai garant de ton repentir » (IX).

L'errance de Parzival reprend, apparemment vaine. Son désespoir violent et sa colère contre Dieu font place à une résignation qui le laisse cependant en proie à la tristesse. « Dieu veuille octroyer joie et bonheur à tous les autres hommes ! Pour moi, je suivrai une route loin de toutes les joies » (XIV). Et c'est ce qu'il fait jusqu'au jour où Cundrie réapparaît, annonçant que son nom inscrit sur le Graal l'a désigné comme futur roi. Son discours prolonge celui de Trevrizent : « Sois heureux, mais sois-le avec humilité. Il n'est qu'une seule chose que le Graal et ses vertus secrètes ne voudraient jamais souffrir en toi : c'est la démesure dans les désirs ». Les chevaleries ardues et persévérantes de Parzival ont été, dans la tristesse de son cœur, le chemin d'épreuve qui le fait déboucher sur le bonheur : « À force de combats, tu as conquis la paix de l'âme. De la douleur naît pour toi une vie d'allégresse ».

Les considérations sur l'humilité nécessaire préparent la solution imaginée pour la guérison d'Anfortas. La question devait en effet être posée sans être induite par rien d'autre qu'un mouvement de pitié né du cœur. C'est la raison pour laquelle aucune explication n'avait été donnée à Parzival lors de son premier passage au château. Maintenant qu'il sait, comment pourrait-elle avoir la même efficace ? En présence d'Anfortas, il se met en prière, s'avoue pécheur et supplie Dieu de guérir le malade ; c'est alors seulement qu'il pose la question et que le roi retrouve la santé, « car Dieu a des ressources infinies » (XVI). L'humilité du héros l'amène à s'en remettre à Dieu, en un acte de foi qui ne laisse pas place au doute, selon les enseignements de Trevrizent. La guérison est un miracle et, seul, Dieu peut en accomplir ; mais il peut se servir des hommes pour les réaliser.

Parzival se met, ici, à sa juste place : non pas celle de qui se croirait capable par lui-même d'opérer des merveilles, mais de qui peut demander l'aide du seul Tout-Puissant pour les avérer. De même, d'avoir obtenu « le plus précieux de tous les biens », la royauté du Graal, ne doit être qu'une raison de plus pour son bénéficiaire de « désormais tourner toutes [ses] pensées vers l'humilité » (XVI).

### *Le monde du Graal*

Chrétien de Troyes l'avait laissé dans le flou de l'énigme. Wolfram *redit tot el.* Chez lui, tous les personnages reçoivent des noms : Anfortas (le Roi Pêcheur), Titurel (le vieux roi), Trevrizent (l'ermite), Sigune (la cousine), etc. Il en est de même pour la porteuse du Graal et même pour la plupart des vingt-quatre jeunes filles qui l'entourent. Tous sont ainsi individualisés. Il en est de même aussi pour le château (Montsalvage) et pour le royaume. Si l'accès à l'un continue de se dérober à la volonté humaine, le second est sans ambiguïté limitrophe des terres arthuriennes : le roi Arthur retient ses hommes en ces termes : « Nous ne sommes pas très éloignés de l'armée d'Anfortas qui, campée à Montsalvage, s'en vient combattre ceux qui s'approchent trop près de la forêt » (VI). Le Templier rencontré par Perceval, la mention de la garde montée par ses semblables pour interdire l'accès de Montsalvage aux indésirables, la venue régulière de Cundrie du même lieu à la loge de la recluse Sigune, tout cela délimite un espace avec, au moins, un en deçà et un au-delà.

Surtout, il y a une histoire, longuement détaillée, non seulement du lignage du Graal, du premier roi Mazadan au dernier en date, Anfortas, et au futur, Perceval, mais aussi de la principauté – de terres et surtout d'hommes – qui, organisée autour du Graal, se voit conférer par lui sa raison d'être.

Le plus petit cercle de l'histoire est celui qui inclut Anfortas. Roi du Graal par légitimité héréditaire, il a refusé de se conformer à une loi de sa fonction. Faute d'orgueil en ce qu'elle traduit son désir de ne pas se soumettre à la volonté divine et de décider seul, pour lui-même. Au cours d'un combat, le pécheur a donc été frappé par une lance empoisonnée – c'est celle que Parzival a vue dans la salle du château et qui rappelle aux siens le malheur du roi – dont la blessure est demeurée inguérissable. La présence régulière du Graal le maintient en vie ; on peut aussi dire qu'elle l'empêche d'accéder à une mort qu'il souhaite. Mais, lui mort, qui régnerait ? Un seul espoir lui reste : annoncée sur la pierre, la venue d'un chevalier qui le guérirait et deviendrait roi à sa place si, sans être averti à l'avance, il s'enquérait de la cause du malheur de son hôte. Toutes ces explications données à Parzival par Trevrizent confèrent a posteriori sens à son passage à Montsalvage.

Le grand cercle est celui de la communauté des gardiens et gardiennes du Graal. Si la royauté revient à un lignage (Parzival est désigné comme roi à ce titre), les gardiens du Graal qui arborent comme emblème la tourterelle, symbole du Saint Esprit et les jeunes filles qui le servent aussi sont appelés à titre individuel, par élection divine, pour la plupart quand ils sont encore enfants. Les uns et les autres sont voués à la chasteté le temps de leur service. Les chevaliers protègent par leurs armes les abords interdits de Montsalvage ; ils vont aussi en aventures plus lointaines, non pour acquérir une gloire personnelle, mais au service du Bien et pour expier leurs péchés. Si, dans l'histoire, les ordres religieux militaires s'étaient donné comme mission de défendre les Lieux saints à Jérusalem et en Terre sainte, on voit comment Wolfram a pu s'inspirer du plus célèbre d'entre eux, l'ordre du Temple, pour certains traits de ses Templiers (chasteté, combat sans recherche de gloire individuelle). Mais, pour ce qui suit, il a purement inventé : gardiens et gardiennes du Graal constituent en effet aussi un vivier de rois et de reines. Les pays restés sans souverains, les rois en quête d'épouses peuvent en transmettre la demande à Montsalvage. Ceux qui partent, ainsi appelés, cessent donc d'être soumis à la règle de chasteté. Ils demeurent les représentants, au plus haut niveau, de l'ordre du Graal. Rois et reines formés à l'humilité, au service des autres, ils devraient constituer les centres rayonnants d'un pouvoir idéal, placé sous l'égide de Dieu. Façon médiévale de construire une cité harmonieuse en faisant descendre sur terre la Jérusalem céleste.

## ■ Systèmes de valeurs

« L'homme qui arrive à son dernier jour sans avoir devant Dieu compromis par les péchés de son corps le salut de son âme et qui a su en même temps par sa noblesse de cœur mériter la bienveillance du monde a su faire de sa vie un utile emploi » (XVI). Cette phrase qui conclut le récit de Wolfram résume une pensée longuement mise en œuvre dans le *Parzival* et reprend d'autres formulations comparables qui, toutes, établissent une continuité entre honneur dans le temps et salut dans l'éternité.

Les valeurs défendues sont d'abord celles d'une chevalerie courtoise : l'aventure impliquant la recherche de la gloire personnelle, le lien de l'aventure et de l'amour. « Les combats et l'amour, voilà vers quoi tendaient tous ses désirs », écrit Wolfram de Gamuret (I). Ses buts sont : « acquérir de l'honneur, faire prouesse, rechercher l'amour d'une noble dame ». À l'autre extrémité du récit, Feirefiz mène d'« aventureuses expéditions, animé du désir de conquérir amour et gloire » (XV). Dans l'univers arthurien, Gauvain est le parfait exemple de qui mène cette double quête, qui inspire tous les chevaliers ; typique est la formulation de Cundrie, associant vaillance guerrière et conquête amoureuse : « Il n'est au monde nulle prouesse comparable à celle que l'on peut tenter en ce lieu. La récompense en sera un noble amour » (VI). Perceval n'est pas mu par une autre ambition : s'il quitte Gurnemant et sa fille Liâze, c'est qu'« il ne voulait pas se réchauffer dans les bras d'une dame avant d'avoir fait prouesse dans les combats ». Et Feirefiz et lui s'affrontent, identiquement inspirés : « Chacun d'eux exposait sa vie pour l'amour d'une amie » (XV).

Mais ce qui est étranger à l'amour strictement courtois, c'est que cet amour est conjugal. Il se caractérise par la fidélité. « L'amour des deux époux était celui de deux cœurs fidèles et sincères » (II), écrit Wolfram des parents du héros. « Elle l'aimait uniquement, il n'avait d'amour que pour elle » (IV), « il aimait son épouse d'un amour sincère et qui ne connaissait point l'inconstance » (VI) : cela vaut pour Parzival. Cette fidélité est une forme particulière d'une des valeurs qui sont à la base de l'éthique de Wolfram : la loyauté. Dès son prologue, il en fait l'éloge et dénonce sa contre-valeur, la fausseté « qui détruit toute noble renommée ». Parzival est défini comme « le héros ennemi de toute fausseté » (V) ; le roi Arthur a, comme épithète de nature, « au cœur loyal » ; aucun des chevaliers de la Table Ronde « n'avait jamais fait preuve de déloyauté » (VI) et l'amère Cundrie elle-même « n'avait jamais fait preuve de déloyauté » (VI). Quand Feirefiz et son frère s'affrontent, « leur loyauté et leur amour mirent fin à leur querelle » (XV). Car la fausseté a pour corollaire la haine et, inversement, amour et loyauté vont de pair.

Avec la loyauté, une autre valeur éminente est la mesure, cette sagesse qui vint tard à Parzival et qui, avant lui, caractérisait son père et dont certains sont parfois dépourvus comme ce Sagremor qu'il fallait attacher pour qu'il n'aille pas se précipiter en courant au combat sans jamais réfléchir. Pour Wolfram, loyauté et mesure sont en même temps des valeurs religieuses.

La loyauté a un nom religieux, c'est la foi en Dieu et Dieu lui-même, en en faisant preuve, la garantit comme vertu « théologale ». C'est à cette foi que se réfère l'exigence à laquelle est soumise la porteuse du Graal qui doit « s'abstenir de toute pensée déloyale » (V). C'est une dialectique de la loyauté, de la foi engagée et gardée, qui définit les relations entre Dieu et ses créatures, selon la catéchèse de Trevrizent : « Soyez ferme en votre foi : Dieu ne saurait souffrir aucune fausseté... Il ne saurait manquer de foi à personne... Il a avec un empressement loyal combattu la déloyauté » (des anges rebelles) (IX). Et encore : « Le baptême doit nous enseigner à tous la loyauté : c'est le Christ qui nous en a donné l'exemple » (XV).

Il en est de même de la mesure qui détermine une opposition de l'orgueil et de l'humilité. La colère de Parzival contre Dieu est une forme de démesure parce qu'elle naît d'une estimation outrecuidante de lui-même : elle récuse l'omniscience de Dieu, sa toute bonté, voire sa toute puissance. C'est pourquoi « celui qui cherche à se venger par des paroles de démesure se condamne par sa propre bouche », car Dieu n'a laissé en enfer que « ceux qui ne savent point commander à leurs passions » (IX). En voulant se soustraire à la loi divine du Graal, Anfortas a commis un péché d'orgueil. C'est pourquoi, Parzival devra être humble précisément dans la mesure où il entend se rendre digne du Graal : « Il faudrait que vous fussiez pur de tout orgueil, que vos pensées soient toutes d'humilité » (IX). Une fois assuré de son élection et de sa royauté, et en raison même des risques d'orgueil que lui fait courir cette plus qu'heureuse issue, il s'entendra rappeler en une formule qui associe loyauté et humilité : « Sois heureux, mais sois-le avec humilité... Il n'est qu'une chose que le Graal ne saurait souffrir en toi, c'est la démesure dans les désirs. Nulle fausseté ne doit tenir compagnie à tes pensées » (XV). La guérison d'Anfortas obtenue par la prière à Dieu illustre la pratique associée de ces deux vertus.

Enfin, la joie connaît le même type de transfiguration sans rupture. Elle est, elle aussi, au centre des valeurs courtoises, indissociablement individuelle, duelle et collective. Le chevalier courtois ne peut en effet la connaître hors du partage amoureux, ni sans que la communauté dont il fait partie soit elle aussi harmonieuse, en paix avec elle-même et avec les groupes extérieurs, et tout entière rassemblée. Symétriquement, la communauté ne peut être joyeuse si elle est dans l'incertitude du sort de certains de ses membres ou dans la connaissance de leur malheur. Wolfram définit son *Parzival* comme « un récit de joie et de douleur, d'allégresse et de souci ». L'amour est le premier moteur de ces deux états de conscience. Le souci naît de la mésentente, de la non-réciprocité, de la séparation surtout, dans un roman d'errance où le chevalier doit laisser derrière lui son amour : « Pourquoi faut-il, dame Amour, qu'elle dure si peu la joie que vous accordez à l'homme accablé de tristesse ! » Si l'amour donne la joie, une joie que certains, tel Clamadieu, estimeront même supérieure à celle que peuvent procurer toutes les merveilles du Graal –, le désamour, le non-amour, l'amour de loin génèrent la tristesse : être séparé si longtemps de Condwiramur (Blanchefleur) sera une des deux raisons de l'accablement de Parzival pendant sa vaine quête du Graal. En revanche, la joie de l'amour, c'est celle de la rencontre et de l'union et celle des retrouvailles : « Voici le moment de rire et de goûter la joie » avec celle qui est la joie de son cœur » (XVI). Mais, avec Condwiramur, « la joie entrait au château » du Graal et pas seulement dans le cœur de Parzival.

La tristesse est aussi celle de la collectivité dont l'harmonie est troublée. Tenons-nous en aux deux exemples les plus notables chez Wolfram : celui de la communauté du Graal, malheureuse du malheur d'Anfortas ; celui de la cour d'Arthur inquiétée à maintes reprises par l'incertitude du sort de Parzival, par le reproche d'avoir accueilli à la Table Ronde un déloyal (« Ô destructeur de toute joie ! Ô fauteur de tristesse ! », lui dit Cundrie, VI), par l'accusation de meurtre portée contre Gauvain, son modèle, etc. À la fin seulement l'harmonie sera entièrement rétablie : Gauvain, Parzival, et même l'inattendu Feirefiz seront réunis, avec toute la Table Ronde. Tous trois auront (re)trouvé l'être aimé et d'autres unions auront été conclues. D'autre part, Anfortas guéri et la succession à Montsalvage assurée justifieraient le changement de sens du nom de Montsalvage : plutôt que Montsauvage (étym. Mont sylvestre) ne faudrait-il pas entendre Mont du salut ? En effet, le loyal amour divin couronne d'une douce joie les joies de l'amour conjugal, de l'affection amicale et fraternelle et de la bonne entente curiale.

## 2 - ... À L'OPÉRA POST-ROMANTIQUE : LE *PARSIFAL* DE WAGNER (1882)

Si nous inscrivons ici le nom de Richard Wagner, ce n'est pas en tant que musicien, mais en tant que dramaturge et poète : il est, en effet, l'auteur du livret de son opéra, *Parsifal.* Il se réclame de Wolfram, ce qui est incomplet. Wagner a connu, sinon d'après les textes eux-mêmes, du moins par des traductions et adaptations, la tradition française du XIIIe siècle : l'écuelle de Chrétien de Troyes, la pierre de Wolfram est devenue à la fois la coupe dans laquelle le Christ a changé le vin en son sang pendant la dernière Cène et celle où a été recueilli le sang du Crucifié ; la lance est explicitement celle du centurion de l'Évangile. Et l'image finale de l'opéra qui montre le sang coulant, goutte à goutte, de la lance dans le Graal est issue de la même tradition. Le récit de Wolfram, longuement étiré dans le temps, ne pouvait guère être directement transposé sur la scène, même en tablant sur une durée de plus de quatre heures, qui est celle de la représentation de *Parsifal*. En fait, Wagner a gardé le personnage de Parzival tout en le modifiant car il n'y a plus d'apprentissage autre que celui donné par l'expérience de la vie. Il a centré toute l'action autour des scènes du Graal, de l'histoire d'Anfortas et de la communauté des chevaliers du Temple à qui il a donné un doyen qui n'a gardé du Gurnemanz de Wolfram que le nom : il est celui qui sait, explique, commente, à l'usage des autres personnages et du public, avant d'endosser, à l'acte III, le costume de l'ermite.

En revanche, Wagner a développé considérablement deux rôles. Celui de Klingsor (Clinschor chez Wolfram), déjà maître du château de la Merveille dans le *Parzival* et qui, ici, devient le représentant démoniaque des forces maléfiques à l'œuvre dans le monde, se servant d'enchantements pour s'asservir les hommes, et aspirant à s'emparer du Graal pour devenir le maître du monde. Celui de Kundry, condamnée, à l'instar du Juif errant, à passer de siècle en siècle (l'action de *Parsifal* se situe au Moyen Âge sans plus de précision) et à mener une vie de souffrance pour avoir ri du Christ en croix, Marie-Madeleine inversée (elle s'est moquée au lieu d'aimer) mais qui, comme elle, a des aspects de pécheresse, de pénitente et de femme sauvage. C'est le personnage qui doit le plus à Wagner. Elle procède d'un imaginaire peu médiéval : elle passe en effet sans cesse de l'univers du Mal (Klingsor utilise sa féminité sensuelle pour tenter et faire pécher les chevaliers : c'est le rôle qu'elle a joué pour Anfortas) à celui du Bien : elle aide la communauté du Graal et cherche vainement les remèdes qui guériraient celui dont elle a causé la perte.

La thématique de l'orgueil et de l'humilité a été remplacée par celle de la luxure et de la chasteté : la faute d'Anfortas est d'ordre sexuel et Parsifal, débarrassé de toute figure féminine associée, est un héros vierge : il doit le demeurer pour guérir, en une sorte de relation allopathique, le sensuel Anfortas et pour devenir roi du Graal à son tour. Là encore, cette idée, qui ne se trouve ni chez Chrétien de Troyes, ni chez Wolfram vient de la tradition française du XIIIe siècle.

La guérison du roi opérée par Parsifal ne fait pas intervenir, pour son deuxième passage, le motif des questions. La lance, perdue par Anfortas dans le combat où elle est tombée entre les mains de Klingsor qui l'a retournée contre lui, est reconquise par le jeune héros. Si le chaste Parsifal résiste à la tentation des filles-fleurs, le baiser de Kundry lui fait, par empathie avec la faiblesse d'Anfortas, comprendre sa souffrance et le rend capable de l'en guérir, alors que la lance, brandie contre lui, ne peut le frapper. Son fer, plongé dans la blessure d'Anfortas, le ramènera à la santé : le sang de la luxure cesse de sourdre, celui du sacrifice commence de s'écouler de la lance dans le Graal. La dernière scène s'inspire de plusieurs scènes de l'Évangile : Gurnemanz en Précurseur y baptise Parsifal comme Jean-Baptiste l'avait fait de Jésus et Kundry lui lavant les pieds fait penser à la pécheresse anonyme de l'Évangile de Luc, traditionnellement confondue avec Marie-Madeleine, qui procédait de même avec Jésus. Parsifal devient une sorte de héros christique, loin de celui de Wolfram, tout autant que cette conception d'un univers où la force virile ne peut que perdre son intégrité et sa pureté au contact de la femme.

## 3 - ... ET AU DRAME MODERNE : LE *ROI PÊCHEUR* JULIEN GRACQ (1948)

Pour Julien Gracq, « la conquête du Graal représente... une aspiration à la surhumanité... tellement agressive qu'elle ne s'arrange qu'assez mal d'un enrobement... dans un contexte chrétien aussi incohérent que possible ». « Le Graal n'a pas commencé avec le Christ », fera-t-il dire à un de ses personnages. La pièce met en scène un héros, Perceval, soumis à deux tentations entre lesquelles il aura le droit de choisir, ce qui définit l'homme.

L'une d'elles est celle d'une vie qu'on peut dire douce et tranquille ou voir comme amoindrie, faite de routine et de résignation. C'est celle à laquelle l'ermite incite Perceval en reprenant les enseignements donnés au héros à la fois chez Chrétien de Troyes et Wolfram ; mais, dans l'écriture de Gracq, l'humilité, les bonnes œuvres quotidiennes sont sous-tendues par une soumission quasi servile à un ordre oppressif brimant les possibilités de vie de celui qui accepte de s'y conformer. C'est une forme de mort lente par la pourriture, imagée dans la brume qui ennuage le château du Graal, dans la lèpre qui ronge ses murs, de même qu'elle ronge la plaie d'Anfortas rendu incapable d'agir par une blessure au torse, qui symbolise l'atteinte de son courage, de son esprit d'aventure et d'entreprise. Dans le même camp, se trouve Klingsor l'eunuque, réduit à une impuissance d'une autre sorte.

L'autre est celle de la surhumanité. Celle d'une vie de désir qui ne connaît pas le péché. Celle dont Perceval est tout d'abord un naïf adepte, prenant tout son plaisir à manger comme un ogre, boire comme un trou, dormir tout son soûl et à se perdre dans une contemplation de Kundry qui n'en resterait pas longtemps à ce stade platonique. C'est pourquoi il détient le pouvoir de guérir Anfortas pour régner à sa place, de rendre la vie au château, à ses habitants et au royaume. Kundry, « qui porte mes couleurs » écrit Gracq, plaide pour ce choix, quitte à y perdre elle-même une vie contaminée par l'ancien état des choses. Mais il n'est pas sans risque. Anfortas explique à Perceval quel en serait le prix : « Là où tu entres, finit l'espoir et commence la possession – tu seras seul à jamais – [Des hommes à toi], il ne restera que l'adoration ». C'est une autre forme de mort, par le feu : « Tout ce qui est impur se dessèche où brille le Graal ».

Perceval choisira de ne pas poser la question qui aurait fait de lui ce surhumain roi du Graal. Montsalvage continuera d'attendre un homme assez fou pour lui rendre la vie. Mais le héros part-il vers un monde d'espoir et d'« amitié avec les cœurs purs » ou pour connaître la même gangrène qu'Anfortas ?

## 4 - DU CYCLE ROMANESQUE EN PROSE... *LANCELOT-GRAAL* (1220-1230)

Au tout début du XIII$^{e}$ siècle, si certains se contentent de continuer le *Conte du Graal* de Chrétien de Troyes, d'autres développent sa *matiere*, lui donnant un nouveau *san* au moyen d'une *conjointure* elle-même toute différente. Le premier, et le seul dont nous connaissions au moins le nom, est Robert de Boron. Il christianise définitivement le Graal qui, dans son *Roman de l'Histoire du Graal*, devient le *vaissel* (= vase, coupe) dans lequel le Christ a institué l'eucharistie, le soir de la Cène, et où ensuite son sang a été recueilli par Joseph d'Arimathie lors de la descente de croix. Il imagine que cette relique est passée en Grande-Bretagne, sur ordre de Dieu, emportée par un parent de Joseph qui donnera naissance au lignage des gardiens du Graal. Celui-ci, défini comme « plat qui sert à gré », est au centre d'une évangélisation de fiction d'un Extrême-Occident où, quelques générations plus tard, régnera le roi Arthur. Ce texte établit donc une préhistoire du Graal et repose sur l'idée d'une *translatio religionis* (= translation de religion), de Jérusalem en Angleterre, à l'instar des translations du pouvoir et du savoir, opérées de Grèce à Rome, d'Orient en Occident.

Immédiatement après, un (ou plusieurs ?) auteur(s) met(tent) en prose et en cycle l'*Histoire* de Robert : ils ajoutent à ce premier maillon un *Merlin* (instauration de la royauté arthurienne et de la Table Ronde grâce à l'enchanteur Merlin) et un *Perceval*, qui est une quête du Graal dont le personnage de Chrétien de Troyes est le héros : il y guérit le Roi Pêcheur et lui succède.

Mais c'est surtout dans les années 1220-1230 qu'un immense cycle – le *Lancelot* en prose comprend plus de 3 000 pages –, demeuré anonyme, donne son aboutissement le plus complet et le plus achevé à la littérature du Graal. Si plusieurs auteurs ont participé à la rédaction de l'œuvre, elle n'en comporte pas moins une forte unité de sens. Dans la décennie suivante, s'ajoutera au *Lancelot* une *Histoire du Saint Graal* et un *Livre d'Artus* (*Merlin*) inspirés de très près des versions précitées. C'est à cet ensemble qu'a été donné par la critique moderne le titre de *Cycle du Lancelot-Graal.* Nous laisserons de côté les deux éléments plus tardifs parce qu'ils ne doivent rien à Chrétien de Troyes et n'ajoutent rien à l'œuvre de Robert de Boron et de ses premiers continuateurs.

Le *Lancelot* en prose est un roman biographique : son héros-titre, bébé au maillot dans les premières pages, meurt à près de soixante ans dans les dernières.

Le *Lancelot* en prose est un conte du graal : la *Quête du Saint Graal* est le nom donné par les copistes des manuscrits eux-mêmes à l'avant-dernier épisode du cycle.

Le *Lancelot* en prose est une histoire du royaume d'Arthur. Reconnue, sa royauté n'en est pas moins soumise à des attaques venues de l'extérieur (guerres) et à des troubles intérieurs (seigneurs et chevaliers orgueilleux, « mauvaises coutumes »). Progressivement, grâce aux efforts des chevaliers de la Table Ronde, l'harmonie s'installe. Mais, parallèlement, depuis le début du roman, un horizon d'attente présente comme devant se dérouler dans un avenir de plus en plus proche, « la plus haute et dernière quête », celle du Graal. Des aventures qui la préparent et dans lesquelles les meilleurs chevaliers arthuriens connaissent des échecs, les commentaires de ces échecs, font comprendre que cette quête demandera des qualités autres que celles utiles dans les aventures chevaleresques. Les cent cinquante compagnons de la Table Ronde y participeront, mais la plupart d'entre eux se révéleront incapables de faire leur un système de valeurs où la recherche de la gloire sera qualifiée d'orgueil et celle de l'amour de luxure. À la fin, le Graal, symbole de Dieu (et de sa grâce), quitte le royaume arthurien, le laissant à ses seules forces qui sont autant de faiblesses. Le dernier épisode du cycle, la *Mort du roi Arthur*, raconte, outre la fin du roi, celle de Lancelot, de la Table Ronde et du royaume de Logres.

## ▪ Le *Lancelot* et Chrétien de Troyes

### *Textes-sources*

Deux romans de Chrétien de Troyes ont servi de source au cycle : *le Chevalier de la charrette* (*Lancelot*) et le *Conte du Graal* (*Perceval*).

Le premier a été inséré, mis en prose et fidèlement suivi, en plein cœur du *Lancelot* : la quête de Lancelot et Gauvain au pays de Gorre pour arracher la reine Guenièvre à son ravisseur Méléagant reproduit le fil des aventures selon Chrétien de Troyes ; la nuit d'amour de Lancelot et de la reine est même au centre exact de l'ensemble du *Lancelot*. Mais, si ce roman est celui de Chrétien de Troyes où l'inspiration courtoise est la plus sensible, le seul où les relations amoureuses du héros et de sa dame (elle est mariée, il est son inférieur social ; il la sert avec dévotion ; le secret est intrinsèquement lié à la valeur de cet amour) sont celles de l'amour courtois au sens rigoureux du terme, c'est justement au milieu de ces dix jours de quête minutieusement racontés que l'auteur modifie une des aventures narrées par Chrétien de Troyes : il y montre l'incapacité du héros, malgré sa prouesse de chevalier, à cause de son amour charnel et adultère, à libérer spirituellement un pécheur. En ce cœur chevaleresque et courtois du cycle, l'inversion des valeurs dit d'avance que Lancelot ne sera pas le héros du Graal.

Du deuxième il ne reste pas grand-chose. Perceval apparaît très tardivement. Si sa mère souhaite, pour les mêmes raisons que chez Chrétien de Troyes, qu'il ne devienne pas chevalier, elle ne l'a pas tenu dans l'ignorance de ce qu'est la chevalerie : le jeune homme profite du passage de son frère aîné pour le suivre à la cour d'Arthur où il est aussitôt adoubé et fait compagnon de la Table Ronde. Il entame dès lors sa vie de chevalier errant, mais elle ne comprendra aucun des épisodes du *Conte du Graal.* Si sa mère meurt de chagrin comme chez Chrétien de Troyes il ne l'apprendra que pendant la quête du Graal et elle ne lui sera pas imputée à péché. De tous les chevaliers en quête du Graal, héros humble et vierge, il sera le second par ordre de mérite à l'issue de l'aventure où il sera devancé par un autre personnage, Galaad, création du cycle. Devenu ermite, il ne regagnera pas le royaume de Logres et ne figurera donc pas dans la *Mort du roi Arthur.*

### *Réécriture : Perceval et Lancelot*

Cependant, le *Lancelot* réutilise, à sa façon, la *matiere* de certaines séquences du *Conte du Graal.* C'est ainsi que, en opposition avec l'absence d'éducation chevaleresque de Perceval, le roman en prose évoque longuement l'éducation idéale de Lancelot.

La situation initiale est comparable : l'enfant est élevé dans un lieu protégé, à l'écart du monde féodal qui est celui de sa famille. Mais la fée-marraine (Ninïène) responsable de sa *norreture* a grand soin de lui fournir tout ce dont la Veuve Dame avait privé son fils : des compagnons de son âge, un maître qui lui enseigne l'équitation, l'art de la chasse et des armes, une cour seigneuriale où il apprend les bons usages. La rupture nécessaire se fera en deux temps : avec le maître (dont l'élève en viendra à récuser raisonnablement certains enseignements peu fondés) et avec la mère – et si Ninïène en est peinée, elle l'accepte, sachant qu'elle serait coupable d'agir autrement (c'est même elle qui accompagne Lancelot à la cour d'Arthur pour qu'il y soit adoubé). Du coup, les enseignements plus généraux et théoriques qu'elle lui donne avant son départ sur l'histoire et les valeurs de la chevalerie sont bien compris par l'élève et ne donneront lieu à aucune bévue de sa part dans leur mise en œuvre.

Le motif de l'inspiration du nom est également réécrit pour le compte de Lancelot : il a été élevé dans l'ignorance de son nom, pour des raisons qu'il serait trop long d'expliquer ; Ninième l'appelle Beau Trouvé par allusion aux circonstances dans lesquelles elle l'a pris en charge ou « Fils de roi » (il l'est en effet). Son nom et sa parenté paternelle lui seront appris par une inscription gravée sur une dalle, celle de sa future tombe : « Lancelot du Lac, fils du roi Ban de Benoÿc ». Il les découvre au moment où, chevalier nouvellement adoubé, il vient d'accomplir son premier grand exploit de guerrier (la prise de la Douloureuse Garde) et où, sans le savoir encore, il est déjà amoureux de la reine Guenièvre. Il trouve donc son nom quand les deux éléments qui le définiront toute sa vie (le meilleur chevalier de ce monde et l'amoureux de la reine) ont cristallisé l'essentiel de sa personnalité.

### *Le chevalier errant et la narration entrelacée des aventures*

Toutes les variantes de l'errance déjà présentes dans le *Conte du Graal* sont reprises : déplacement d'un lieu à un autre par des routes frayées mais aussi par des chemins où se multiplient détours et aventures connexes, quêtes jurées avec ou sans limite de durée (la quête du compagnon disparu sera, en particulier, un thème récurrent) ; cheminement sans autre but préalable que de chercher les aventures qui méritent d'être racontées, c'est-à-dire celles qui, à cause de la vaillance qu'elles exigent, valent gloire et renommée – et estime amoureuse des dames ; service des dames et demoiselles *desconseillies*, celles qui ont besoin d'être protégées contre d'injustes agresseurs qui en veulent à leurs domaines ou à leurs personnes ; passages dans d'Autres Mondes peu ou prou rationalisés, christianisés, mais qui sont, de façon au moins latente, pays d'où personne n'est revenu avant le héros, ceux de la mort ; errance dans la grande forêt solitaire et sauvage, haltes dans des châteaux qui se révèlent parfois fonctionner comme des pièges, etc.

Toutes ces variantes sont mises en œuvre avec d'autant plus de virtuosité que le *Lancelot* est l'histoire, en même temps que d'individus, de communautés chevaleresques. Une conséquence en est que, même si l'esprit héroïque de l'errance veut que l'aventure soit, le plus souvent, vécue par un homme seul, elle est souvent entreprise par plusieurs chevaliers qui suivent des voies différentes, se croisent parfois, parfois se retrouvent à la fin (à la cour) ou se perdent longuement.

Au nombre des exemples les plus notables, nous en retiendrons deux. Le premier est une quête du héros par dix chevaliers. Il faut à l'auteur pas moins de cent cinquante pages pour détailler une semaine de ces décuples aventures ; au bout de ce délai, les dix compagnons se retrouvent, bredouilles, au rendez-vous qu'ils s'étaient donné. Certains renoncent, d'autres s'obstinent, mais la narration, déjà facilitée par le moins grand nombre de participants, renonce à entrelacer les récits individuels. Le second occupe toute la partie du cycle intitulée *Quête du Saint Graal*. Certes, le texte ne suit pas les itinéraires des cent cinquante compagnons. Beaucoup n'arrivent à rien dans cette aventure d'un nouveau genre et renoncent assez vite. Ceux qui persistent vont d'échec en échec (l'auteur en montre quelques exemples, mais les multiplier serait inutile), voire ne trouvent pas d'aventures parce qu'ils en sont indignes (c'est autant à ne pas raconter). Il reste cependant à entrelacer les itinéraires de quatre personnages – Galaad, Bohort, Perceval, Lancelot – qui doivent se séparer, se retrouver à plusieurs reprises, auxquels il faut ajouter, dans la première partie de la quête, ceux de Gauvain, Lionel, Yvain, Mélyant.

Seul, le dernier épisode, la *Mort du roi Arthur* ne connaîtra pas le procédé : c'est que l'absence d'aventures qui ne frappait que les plus mauvais chevaliers dans la *Quête du Saint Graal* s'est maintenant étendue à l'ensemble du royaume : quelques tournois, surtout des guerres, étrangères et intestines, constituent une *matiere* qui ne laisse plus de place à l'errance et à son chevalier, ni, donc, aux procédés d'écriture qui les caractérisaient.

## ■ Le Graal du *Lancelot*

Au début du *Lancelot*, il est question de beaucoup de choses : des enfances merveilleuses de Lancelot et de ses deux cousins, Lionel et Bohort, tous trois orphelins et spoliés des terres patrimoniales ; du bon ou du mauvais état du royaume d'Arthur, puis des exploits de Lancelot et de quelques autres. Le Graal n'est évoqué que par la bande : mentionnant les deux plus belles femmes du temps, l'auteur déclare que l'une d'elles est Guenièvre (dont il est question à ce moment du récit) et l'autre « Amite, la mère de Galaad, celui qui vit clairement les grandes merveilles du Graal » ; Lancelot est hébergé dans une abbaye : c'est l'occasion de dire qu'il y a là la tombe d'un certain Leucan, descendant de Joseph d'Arimathie dont le lignage est fameux « pour avoir apporté le Graal en Grande-Bretagne et avoir converti le pays » ; plus loin, la quête de Lancelot est désignée par celui qui la propose comme « la plus haute qui fût après celle du Graal ».

L'auteur, dans ses évocations du Graal, joue entre passé et futur. Dans le présent de la narration, les aventures du Graal sont à venir pour les personnages – et pour le lecteur. Mais, énoncées au passé, elles sont présentées comme accomplies dans celui de l'écriture. Les personnages, quant à eux, s'ils ignorent qui mènera à bien la quête et même en quoi elle consiste(ra), savent ce qu'est le Graal. Il faut être un novice ayant quitté la cour d'Arthur sitôt arrivé, sitôt adoubé, comme Perceval, pour l'ignorer : un chevalier devra lui dire : « C'est le *vaissel* où Notre Seigneur a mangé l'agneau avec ses disciples pour la Pâque » ; et comme on peut savoir ce qu'est le Graal, et pourtant le voir sans le reconnaître, un ermite plaint Gauvain d'avoir eu ce malheur : l'objet qu'il lui a décrit était « le Saint Graal où le saint sang de Notre Seigneur a été répandu et recueilli ». Justifiées dans la diégèse, ces notations sont aussi façon de définir le Graal pour le lecteur : une relique du Christ, comme l'avait imaginé Robert de Boron.

Tout le texte est donc truffé de rapides mentions du Graal qui commence d'être dit Saint Graal mille pages environ après le début du récit, ainsi que d'expressions comme « aventures du Graal », « merveilles du Graal », « secrets du Graal ». L'objet défini, on comprend bien qu'il ne s'agira pas d'une quête pour s'en rendre maître, ni pour le posséder. Il s'agira de le voir est-il écrit à plusieurs reprises : la fin de la quête devient donc contemplation et connaissance, vision et révélation.

On devine aussi que les aventures du Graal ne pourront pas être seulement de ces batailles d'hommes où le chevalier errant doit faire tout uniment preuve de force et d'adresse, de courage et de loyauté, les entreprenant par amour des dames ou par sentiment du devoir vis à vis des faibles, mais toujours pour conquérir la gloire.

Dès l'entrée de Lancelot en chevalerie, à ces aventures s'en ajoutent d'autres dans lesquelles les adversaires à affronter, les vertus dont il faut faire preuve et jusqu'aux enjeux eux-mêmes diffèrent. Son premier grand exploit, la délivrance de la Douloureuse Garde, associe les deux types d'aventures. Devant les portes du château, il doit affronter successivement trente chevaliers dans la même journée, et comme il n'y suffirait pas, il reçoit une aide magique (trois écus qui ajoutent à ses forces celles d'un, deux, trois hommes) qui ne le dispensera pas de combattre mais l'aidera à faire ses preuves dans des conditions moins inégales. Dans les cryptes du château, si le motif du combat est gardé, si Lancelot y est physiquement blessé, il a affaire à des diables (« C'en étaient bel et bien », assure le narrateur) qui ont jeté des enchantements sur le lieu ; et ce qui lui permet de l'emporter, ce sont les deux signes de croix qu'il trace sur lui – moyen de protection spirituelle contre le démon, comme la Veuve Dame l'avait appris à son fils – avant de se lancer dans l'aventure et à son moment le plus crucial. Ne pas se fier à ses seules forces, demander l'aide de Dieu, c'est la leçon de ce type de combat. À Escalon, domaine plongé dans les ténèbres par Dieu, en souvenir et punition d'un sacrilège qui y fut commis, trois chevaliers tentent de ramener la lumière et la joie. Seul Lancelot qui, en ce péril, se signe, implorant Dieu et la Vierge, y réussira.

Tout cela se précise et occupe de plus en plus de place au fur et à mesure que le récit progresse. À ce stade de l'histoire, les deux chevaliers considérés comme les meilleurs du monde arthurien, sont l'exemplaire Gauvain et l'exceptionnel Lancelot. L'un et l'autre vont être disqualifiés pour la future quête du Graal.

Pour Lancelot, cela s'apprend au cours de l'épisode de la Charrette, globalement emprunté à Chrétien de Troyes, mais ici modifié. Dans une crypte, le héros se trouve en présence d'une tombe en feu d'où sortent des cris. Il recule d'abord d'épouvante, puis revient sur ses pas, se reprochant d'avoir failli à sa réputation de meilleur chevalier du monde. Les cris se changent en paroles articulées. Celui qui souffre ainsi « de corps et d'âme » est un grand pécheur expiant ses fautes. Il sera délivré par un chevalier dont les vertus auront tant de puissance « qu'il lui suffira de mettre le pied dans la salle pour éteindre la flamme brûlante ». Lancelot, en homme *corrumpu* qu'il est, n'a pas la vertu nécessaire, mais il ne doit pas se décourager pour autant d'entreprendre des exploits plus à sa portée. On comprend bien qu'il s'agit là d'une psychomachie, d'un combat des esprits, en l'occurrence feu du désir luxurieux contre froideur de la chasteté ; plus loin, Lancelot sera explicitement désigné comme « le malheureux chevalier qui, à cause de son malencontreux péché de luxure, aura définitivement perdu le pouvoir de mener à bien les merveilleuses aventures du Graal ». C'est l'amant adultère de la reine qui est condamné.

Quant à Gauvain, c'est l'aventure de l'épée brisée à ressouder qui marque sa disqualification. La lame brisée pleure des gouttes de sang et elle ne pourra être réparée, par une simple mise en contact des deux tronçons, que par « celui qui doit mener à bien les aventures du Graal ». Gauvain n'y parvient pas, non plus que d'autres chevaliers qui s'y essaient en même temps, pour la plus grande déception du porteur de l'épée : « Vous pouvez constater qu'il n'y a pas autant de bien en vous qu'on le dit ». Le bris de l'épée, longuement raconté, implique qu'elle ne pourra être remise dans son état initial que par un homme de foi profonde dont les pensées seront toutes tournées vers Dieu ; ce n'est point là le portrait d'un Gauvain plus soucieux de sa gloire, à l'aise dans un univers courtois qui ne fait que peu de place à la divinité.

Le déclassement de ces deux meilleurs chevaliers arthuriens sera rendu manifeste par les mésaventures qu'ils connaissent au château du Graal (Corbenyc dans le *Lancelot*) où, l'un après l'autre, ils arriveront sans l'avoir cherché et, surtout, sans s'attendre à y trouver un Graal qui, dans ce récit, n'a pas exactement de lieu fixe. On peut comparer le comportement des deux héros et voir comment s'organise entre eux la hiérarchie de valeurs, compte tenu de leur commun échec global.

La scène du dîner, avec le cortège du Graal, est inspirée de Chrétien de Troyes, mais repensée et réécrite. Dès la séquence courtoise de l'accueil dînatoire, les *merveilles* commencent. Une colombe blanche, tenant en son bec un encensoir pénètre dans la salle par une fenêtre fermée, répandant de très bonnes odeurs sur son passage. Tous ceux qui se trouvent là se taisent et s'agenouillent, tandis que l'oiseau se retire dans une autre pièce. Des serviteurs accourent alors pour dresser les tables. *De ceste aventure se merveille molt mesire Gauvains.* Il s'assied à côté des autres convives qui se sont mis en prières, mais sans les imiter. De la chambre où était passée la colombe, sort une très belle jeune fille, tenant à deux mains un somptueux vase (*vaissel*) en forme de calice. Gauvain se perd en supputations sur le matériau dont l'objet serait fait. Mais, ce qui retient surtout ses regards, c'est la jeune fille ; il la suit des yeux tout le temps qu'elle met à traverser la salle et à s'en retourner, cependant que chaque convive s'agenouille à son tour devant le *vaissel* et que bonnes odeurs et mets de choix remplissent l'air et les assiettes. L'écuelle de Gauvain, elle, reste vide. Il a l'idée qu'il a dû commettre une erreur qui explique ce méchant traitement, mais il ne voit pas laquelle. Il attend que les tables aient été ôtées pour demander des explications, mais trop tard : les convives semblent s'évanouir devant lui et, quand il essaie de les suivre, il se heurte à une porte fermée. Le voilà obligé de passer la nuit sur place. Le lendemain, quand il aura quitté le château, un ermite, un de ces sages hommes de Dieu qui, dans le *Lancelot*, ont la charge d'expliquer le sens des aventures, lui dira que l'objet vu et qu'il n'a pas reconnu était le Graal et que le pain – divin – qu'il distribue lui a été refusé parce que, contrairement aux autres convives, il n'avait pas fait preuve d'assez de respect et d'humilité.

Lors du passage de Lancelot, la même énigmatique séquence se déroule à l'identique. Mais le héros se met en prière comme les autres convives au passage de la colombe ; mais, s'il admire lui aussi la beauté de la jeune fille, c'est surtout le Graal qui attire ses yeux et il l'identifie comme « un objet saint et digne » ; quand il se met à nouveau en prière, c'est par un mouvement venu du plus profond de lui-même, c'est-à-dire que son comportement dénote un discernement spirituel qui a fait défaut à Gauvain et il est servi « à gré » par le *vaissel*. Quant à l'humilité, il en fait montre non seulement dans son attitude de prière, mais en expliquant à son hôte – qui lui raconte comment les choses se sont passées pour Gauvain – qu'il faut voir, en ce qui le concerne, non une marque de son mérite mais un geste de miséricorde de Dieu envers un pécheur.

La nuit de Gauvain sera très bien remplie, de visions d'une part, d'aventures d'autre part, étranges mais dont certaines sont familières à un lecteur du *Conte du*

*Graal* de Chrétien de Troyes (il sera soumis à une variante du Lit de la Merveille). Chacune de ces confrontations pourrait faire l'objet d'un commentaire détaillé. Nous ne ferons que rappeler les issues de certaines d'entre elles pour pouvoir les comparer aux résultats obtenus par Lancelot, et par un autre héros dont nous parlerons ensuite. Sur le Lit aventureux, Gauvain est grièvement blessé par une lance enflammée ; un grand chevalier le prie de vider les lieux : à la fin du combat, il y a égalité entre les deux adversaires ; il entend des voix qui lui paraissent avoir une origine céleste puisqu'il ne peut voir les chanteurs (« Ce ne sont pas des êtres de la terre », dit-il) ; il assiste à ce que l'on appellera, faute de mieux, une liturgie du Graal et constate qu'il est guéri de ses blessures. Dans l'obscurité, il est saisi par des gens qu'il ne voit pas et brutalement expulsé du château. Le lendemain matin, il se réveille attaché sur une charrette menée par une vieille femme ; il est l'objet d'un humiliant charivari du fait des habitants jusqu'à la sortie de Corbenyc. Du sens de ces aventures, l'ermite herméneute ne lui dit rien.

Nous ne pourrons pas comparer la nuit de Lancelot avec celle de Gauvain. En effet, s'il a déjà été explicitement récusé comme héros du Graal, l'auteur lui a réservé un rôle à part : c'est lui qui sera le père de ce nouveau personnage, ce très pur Galaad dont les vertus parfaites lui permettront d'accomplir toutes les aventures spirituelles dans lesquelles son père aura échoué. Et la mère élue par le romancier est la porteuse du Graal. Mais Lancelot aime et n'aime que Guenièvre. Il faudra donc la mise au point d'un leurre pour que le héros, croyant avoir affaire à l'une s'unisse à l'autre et engendre Galaad. C'est cela qui occupe la nuit de Lancelot.

Mais, si cet enfant est à naître et si, à ce stade de l'histoire, Perceval est encore trop jeune pour avoir quitté sa mère, l'auteur a imaginé un autre personnage – absent de chez Chrétien de Troyes – et qui sera, à l'issue de la quête, le troisième dans l'ordre du Graal : Bohort, un cousin de Lancelot et de la même génération que lui, qui, à son tour passe, à deux reprises, par Corbenyc. Son premier passage met en valeur le cortège et le repas. Il nous montre un Bohort identifiant le Graal et « s'inclinant devant lui pour l'adorer en versant des larmes ». Ce pieux comportement fait passer au second plan la coutumière et matérielle nourriture « à gré » et influe sur la présentation de la porteuse du Graal qui, sous les yeux de Bohort, n'est plus l'objet de regards profanes mais perçue comme l'« humble porteuse du Saint Vase ». Le *vaissel* est aussi mis en relation avec la vertu de chasteté : celle qui est, maintenant, devenue la mère de Galaad a laissé sa place à une cousine « vierge de corps et de cœur ».

La portée d'épreuves spirituelles revêtue par les aventures de la nuit est soulignée par la préparation religieuse à laquelle Bohort se livre avant de les affronter : il se confesse « de bouche et de cœur », il communie afin de ne se présenter devant le Graal que purifié de ses péchés. Comme Gauvain, couché sur le lit merveilleux, il est blessé par une lance, puis par des flèches décochées par les fenêtres ; le chevalier qu'il affronte à son tour a le dessous et doit implorer sa *merci* ; il force à fuir un lion qui n'était pas venu troubler la nuit de Gauvain. À la fin de la nuit, la liturgie du Graal le laissera guéri de la blessure de la lance et des flèches, ainsi que d'une cécité qui lui avait momentanément dérobé une partie des « scènes à voir ». Des visions qu'ils ont tous les deux mais qui ne sont pas toutes identiques, on peut dire que celles dont est favorisé Bohort suscitent plus de questions de sa part et lui offrent des révélations plus précises d'un avenir qui concerne le royaume arthurien. À Gauvain incapable de passer du plan de la *semblance* à celui de la *senefiance*, elles ne présentaient que des spectacles opaques. Cependant, celles de Bohort ne sont, elles non plus, ni complètes, ni transparentes : au matin, son hôte l'interrogera et le lui dira.

La dernière partie de la nuit de Bohort innove beaucoup par rapport à celle de Gauvain. Les combats, même symboliques, en sont complètement absents. D'être confronté à ces aventures montre sa plus grande élévation spirituelle. Qu'il ne les accomplisse pas indique – et cela lui sera explicité – qu'il ne sera pas le héros du Graal. Un pathétique harpeur, qu'un collier de couleuvres mord douloureusement, se lamente, exprimant son attente de celui qui le libérera de ses souffrances. Il explique à Bohort qui l'interroge non par curiosité mais par compassion pour ce qu'il endure, que c'est là punition divine, et méritée, pour son orgueil et que cette expiation lui permettra d'éviter la damnation ; il l'avertit qu'il n'est point son sauveur espéré : « Ni vous ni quelqu'un d'autre n'achèvera les aventures de ce lieu ; ce sera le fait du Bon Chevalier qui me délivrera et accomplira aussi les aventures du Saint Graal ». Et il ajoute : « Vous pouvez partir, vous n'en ferez pas davantage ».

La liturgie du Graal, beaucoup plus développée que pour Gauvain, se déploie sur près de cinq pages dans une luminosité d'abord limitée à celle de candélabres, puis de plus en plus éblouissante et sans source naturelle. On y retrouve la lance-qui-saigne (pour la première fois dans le *Lancelot*) – le sang qui en coule se résorbe mystérieusement – entourée par des êtres qui sont de purs esprits, et que, contrairement à Gauvain, Bohort voit. D'elle il pense que « c'est chose sainte et digne », et il la vénère religieusement. L'enseignement du porteur de la lance ressemble à celui du harpeur : sa *verité* ne sera connue que plus tard (elle est dite lance vengeresse). Lancelot aurait pu être celui à qui elle aurait été révélée, celui qui doit être le maître de la Table Ronde, mais « la faiblesse de ses reins » a entaché toutes les bonnes vertus dont il avait d'abord été doué. Si, dans les faits de chevalerie, il est sans pareil, toutes ses autres qualités sont « dégradées et mortes ».

Un groupe de demoiselles en pleurs vient s'agenouiller et prier sur le seuil de la chambre où se trouve le Graal. Contrairement au Perceval de Chrétien de Troyes et au Parzival de Wolfram, Bohort s'enquiert des raisons de leur douleur. Mais le sens de son interrogation va plus loin : au-delà des *semblances* qui ne livrent des choses et des êtres qu'une première approximation, il perçoit qu'il y a une (ou des) *senefiance*(s) (= sens caché, profond, réalité des choses et des êtres). « De tout ce qu'il a vu il ne sait dire la *senefiance*; et pourtant, si cela était possible, il aimerait le savoir ; et il s'en enquerrait volontiers à ces femmes, s'il n'avait peur que quelque mal n'en advienne à elles ou à lui. Mais il est éconduit. On peut trouver à cela plusieurs raisons. Entre autres, celle – évidente – que le temps des réponses, celui de la quête du Graal, n'est pas encore venu, puisqu'elle n'est même pas commencée. Une autre est que la question formulée n'était pas la bonne : Bohort a manifesté, dans sa demande, son intérêt pour les malheureuses demoiselles, mais il ne s'est pas enquis du sens des choses alors, pourtant, que telle était sa préoccupation profonde. Or, la quête du Graal, dans le *Lancelot*, sera toujours une quête de la connaissance : il s'agit de voir pour savoir. Connaissance orientée vers celle du Graal, c'est-à-dire de Dieu, comme on le constate dans la suite de la scène : peu avant minuit, émanée du *Veissel*, voilé puis dévoilé, une lumière « semblable à celle du soleil », puis « impossible à décrire », remplit la chambre, tandis qu'une épée menaçante retient Bohort de s'avancer plus avant. Un rayon aveuglant, « comme si un rayon de soleil avait pénétré ses yeux » lui ôte un temps la vue et une voix le met en garde : « Ne t'avance pas davantage car tu n'es pas digne de voir plus que ce que tu as pu contempler de ces choses. Si tu le risques, tu y perdras la vue et tu resteras paralysé pour le restant de tes jours, ce qui serait dommage, preux et courageux comme tu es ». Au matin, son hôte lui confirmera que les questions qu'il se pose, par exemple sur la lance-qui-saigne, ne trouveront de réponses qu'en leur temps, « pendant la dernière quête, celle du Graal, à laquelle peineront tous les chevaliers avant d'en savoir la vérité. Et il dit qu'il attendra puisqu'il le faut ».

Jusqu'à quand ? Jusqu'au moment où le futur héros du Graal, Galaad, aura l'âge de devenir chevalier, 15 ans au moins. Or, il n'a guère encore qu'un an : Bohort a vu le bébé avant de passer la nuit au Palais aventureux. À l'intérieur de ce laps de temps, Perceval, d'une génération intermédiaire entre Lancelot, Bohort et les autres d'une part, et Galaad de l'autre, aura commencé sa vie de chevalier errant.

Jusque-là, comme chez Chrétien de Troyes et Wolfram, le Graal était lié à un lieu fixe à l'intérieur duquel il était porté. Dans le *Lancelot*, il échappe à ces limitations dans l'espace, pour une apparition extérieure à deux chevaliers, Hector et Perceval. Peut-on dire que Perceval a, par rapport à Gauvain et Lancelot, droit à un traitement littéraire plus valorisant, parce que spécifique ? On hésite, puisque lui est associé cet Hector, demi-frère de Lancelot, un de ces chevaliers de la Table Ronde qui ne feront rien dans la quête du Graal. Mais ce qui est sûr, c'est qu'un autre mode de relation se dessine : ici, d'une part le Graal apparaît comme susceptible de se déplacer à sa volonté en tous lieux et d'aller au devant des hommes – mais aussi de se dérober, en sens inverse, à leur prise. On voit ce qu'aura d'original une quête dont l'objet pourra toujours se rapprocher/s'éloigner, se révéler/disparaître selon le(s) quêteur(s).

Dans la scène évoquée, Hector et Perceval se sont affrontés au hasard de leur errance dans cette forêt, lieu par excellence de l'aventure chevaleresque. Armés de pied en cap, ils ne se sont pas reconnus. Manquant à la règle d'amitié qui interdit à deux chevaliers de la Table Ronde de se battre, ils se sont mutuellement blessés à mort, aucun n'a même assez de force pour aller chercher du secours. Ils se nomment l'un à l'autre, reconnaissent leur faute et se pardonnent leur violence meurtrière. C'est alors qu'ils « voient venir vers eux une lumière semblable à celle du soleil », un « vase en forme de calice recouvert d'un linge blanc ». Celui qui savait l'existence du Graal (Hector) et celui qui l'ignorait encore (Perceval) y voient « un objet si saint et en espèrent tant d'efficace qu'ils s'inclinent devant lui au milieu de toutes leurs souffrances ». Puis le Vase disparaît, ils se retrouvent guéris et parlent d'un miracle opéré, comme dans d'autres histoires qu'Hector a entendu rapporter, par le Graal « pour l'amour de Notre Seigneur ».

Le Graal est donc miraculeuse source de vie. Il nourrit « à gré », quotidiennement, ceux qui ont foi en lui ; il guérit les corps (Lancelot et Gauvain à Corbenyc) même mortellement atteints (Hector et Perceval). Il guérit aussi les âmes. Dans la séquence qui suit celle d'Hector et de Perceval, Lancelot est atteint de folie furieuse par désespoir d'amour : il perd toute conscience du monde et de lui-même, régresse jusqu'à une condition de « bête humaine ». Un chevalier (son semblable social), un ermite (homme de Dieu) parviennent à lui rendre la santé du corps, mais pas celle de l'esprit. Il y faudra, à Corbenyc où il a fini par aboutir, l'apparition nocturne du Graal qui « par sa vertu lui rend la mémoire » : « c'est qu'il a plu à Notre Seigneur qu'il soit guéri ».

La quête du Graal peut commencer dès lors que tous ceux qui sont appelés à y participer en ont l'âge, car elle demeurera quête menée uniquement par des chevaliers. Et son récit peut en commencer, dès lors que l'auteur, sans cependant, à nous non plus, tout dévoiler du Graal, avant que le moment en soit venu, a suffisamment planté de jalons. De l'objet Graal, nous savons, outre sa nature de relique du Christ, ses caractères d'objet surnaturel qui tendent à en faire une figure romancée de Dieu ; des quêteurs-chevaliers nous savons qu'ils avanceront non par la force des armes, ni même par celle du courage, mais par les vertus de chasteté et d'humilité, en ne forçant pas leurs chevaux à prendre les chemins qu'eux-mêmes choisissent, mais en les laissant aller à la grâce de Dieu.

## ■ La quête du Saint Graal

### *Définitions*

#### En quoi consiste la quête du Graal ?

Le *Lancelot* montre que tous les chevaliers arthuriens savent ce qu'est – dans une Histoire sainte qui est celle du roman – le Graal. Plusieurs d'entre eux l'ont déjà vu à Corbenyc ou en forêt. Tous savent – car les chevaliers revenant d'aventures en font toujours le récit à la cour pour qu'elles y soient mises par écrit – que ces rencontres, ainsi que d'autres aventures en relation avec elles, demandent d'autres vertus que celles dont ils ont l'habitude de faire preuve. Ils savent qu'il y aura une quête du Graal, la dernière dans le royaume arthurien, et qu'un seul chevalier l'accomplira entièrement et changera aussi beaucoup de choses en Logres : il s'agit d'une attente pleine d'espoir puisque ce Chevalier désiré, ce Bon Chevalier mettra fin aux « mauvaises coutumes » dans le royaume et les pays qui l'entourent, alors qu'à eux tous ils n'y sont pas encore parvenus. Leur attente est donc celle d'un empire terrestre réharmonisé. Mais ils ne savent pas complètement à quelles aventures ils pourraient y être confrontés, ils n'ont pas une idée très précise de la nouvelle échelle de valeurs selon laquelle leur conduite sera appréciée – et par qui. Ni de ce que sont ces secrets, ces merveilles, du Graal qui seront révélés à la fin seulement – ce qui est sûr est qu'il ne s'agit pas d'une quête de conquête ou de possession.

La quête sera jurée le jour de la Pentecôte, date habituelle où le roi Arthur tient sa cour la plus solennelle. Raisons profanes et religieuses se conjoignent pour l'expliquer : c'est le retour de la belle saison, temps propice aux chevauchées des chevaliers errants ; c'est le jour même, selon le récit des *Actes des apôtres*, où le Saint Esprit, descendu sur les disciples du Christ, leur inspire d'aller évangéliser le monde : le départ des chevaliers qui n'a, en lui-même, jusque-là rien de religieux, est cependant coloré par ce sous-texte. C'est en tout cas cela qui va, en quelque sorte, émerger soudainement de cette cour particulière.

Pour la première et unique fois, le Graal apparaît à la cour d'Arthur où il nourrit « à gré » tous les convives. Mais l'écriture souligne surtout la portée spirituelle de sa présence et le parallèle avec la Pentecôte de l'Écriture sainte : « Ils furent comme illuminés par la grâce du Saint Esprit, sans comprendre d'où cela leur venait ». Ils s'entendent à y voir une « grâce » envoyée par Dieu, un « signe de son amour ».

C'est Gauvain qui, le premier, prononce un vœu de quête : la façon dont le Graal s'est montré recouvert d'un voile blanc, lui doit sa formulation : il cherchera à le voir plus nettement, pendant un an et un jour, durée coutumière des quêtes, celle d'un cycle annuel refermé. C'est donc qu'il ne voit pas seulement le Graal comme la relique du Christ qu'il le sait être ; il l'identifie cependant toujours à rien de plus qu'un objet surnaturel.

Un envoyé céleste vient expliquer à la fois aux personnages et à nous-mêmes ce qu'il faut vraiment entendre par quête du Graal : « Ce n'est pas là quête de choses de la terre (*terriennes choses*), mais la recherche des plus intimes secrets de Notre Seigneur et des mystères que le Haut Maître dévoilera au bienheureux chevalier qu'il aura élu, parmi les autres chevaliers terriens, pour être son serviteur ; il lui montrera les grandes merveilles du Saint Graal, lui révélant ce que cœur d'homme ne pourrait concevoir, ni langue humaine dire ». La formulation définitive du vœu de quête sera donc : « savoir les vérités du Saint Graal » ; elle ne comporte pas de limitation de temps, ce qui est assez rare pour montrer son importance, mais donnera surtout à l'auteur plus de latitude dans son récit. De plus, son caractère religieux est souligné par l'envoyé : les quêteurs doivent se confesser avant de partir afin d'être « purifiés de tous leurs péchés mortels » et ne pas emmener avec eux dame ou amie : ce dernier trait, non seulement donne un aspect ascétique à la quête, mais indique que l'amour charnel ne pourra pas y être le mobile du chevalier.

## Qui sont les quêteurs ?

Le *Lancelot* racontait des quêtes collectives, mais celle-ci est la première à requérir tous les compagnons de la Table Ronde (ils sont cent cinquante). À quoi bon, demandera-t-on, puisqu'on sait déjà le nom de celui qui ira jusqu'au bout et accomplira les aventures connexes ? C'est que, si les quêtes *terriennes* se posent en termes de oui ou non (on conquiert ou pas une forteresse, un royaume ; on retrouve ou pas un compagnon ; on vainc ou non un adversaire), celle du Graal se définit en termes de plus ou moins – ou pas du tout.

Les passages de Gauvain, Lancelot et Bohort à Corbenyc nous l'ont déjà montré.

*La Quête du Saint Graal* illustre l'adage évangélique selon lequel « il y a beaucoup d'appelés mais peu d'élus ». Il s'agit donc, pour les quêteurs, de transformer leur vocation en élection. D'ores et déjà, l'un d'eux, on le sait, y a en partie échoué. Lancelot avait reçu comme nom de baptême – comme nom devant Dieu – celui de Galaad qui désigne le héros du Graal. Mais ses parents lui avaient ensuite donné un autre nom, celui de son aïeul, et c'est ce nom de Lancelot – nom devant les hommes –, nom de chevalerie terrienne, de gloire et d'amour, que ratifieront, aux dépens du premier, ses hauts faits : la prise de la Douloureuse Garde et son amour pour Guenièvre. Le nom de la vocation est repris par son fils et ce nouveau Galaad aura, lui, la chasteté et l'humilité nécessaires pour le garder.

Or, avant que le Graal n'apparaisse devant la cour d'Arthur, il y est arrivé, adoubé de la veille par son père et il a occupé le seul siège toujours demeuré vacant à la Table Ronde, appelé le Siège périlleux parce que, jusque-là, il était arrivé malheur à tous les audacieux (= les orgueilleux) qui avaient voulu l'occuper. Le nom de Galaad, mystérieusement gravé sur le siège, l'a autorisé à s'y asseoir sans crainte. Et cette condition était, dès le début, posée comme préalable au début de la quête. Mais, cela étant dit et su, ce qu'il reste à savoir, c'est ce que vont faire dans la quête, les cent quarante-neuf autres participants.

### *Les aventures de la quête*

L'auteur a conservé le personnel littéraire du roman de chevalerie. Il y aura donc des combats, singuliers surtout, puisque les cent cinquante suivront chacun sa voie. Mais ceux-ci prendront l'allure de psychomachies (un chevalier qui affronte sept adversaires présentés comme mauvais combat les sept péchés capitaux ; s'il délivre des pucelles retenues prisonnières par des chevaliers-brigands, il libérera de l'emprise de démons des âmes captives, etc.). Mais ces aventures serviront souvent, plus qu'à faire progresser le quêteur, à lui signifier – et à nous – l'étiage de ses vertus : elles font preuve plus qu'elles ne sont épreuves.

De surcroît, alors qu'elles remplissaient, au début du *Lancelot*, tout l'espace de la narration, elles n'en occupent ici qu'une part limitée – leurs *semblances* doivent trouver leurs *senefiances* : des visions nocturnes, des commentaires faits par les ermites, hôtes des chevaliers, remplissent cette fonction. Alors que la nuit était le temps du repos, elle devient celui d'une élucidation des aventures du jour, celui, aussi, d'une veille pieuse passée en prière. Alors que l'hébergement, étape obligée du chevalier et motif récurrent du récit, était l'occasion de scènes courtoises, il est ici au centre d'explications sur le sens de ce qui s'est passé, et de conseils sur ce qui va se passer : tous les ermites de la *Quête du Saint Graal* ressemblent à celui du *Conte du Graal*.

Dans la dernière partie du récit, la chevauchée caractéristique de l'errance chevaleresque disparaîtra. On se rappelle le passage de Wolfram où le héros, renonçant à guider son cheval, s'en remettait à Dieu de l'acheminer.

*La Quête du Saint Graal* illustre à plusieurs reprises un motif iconographique dérivé de la conversion de saint Paul, précipité à bas de son cheval par une foudre divine : le cavalier démonté est devenu une des représentations symboliques de l'orgueilleux, de celui qui veut n'agir que selon sa volonté propre, qu'il impose à son cheval, au lieu de la renoncer pour s'en remettre à celle de Dieu. Cette désappropriation est la base de toute démarche mystique et c'est elle qui sera demandée aux quêteurs du Graal : à un moment ou à un autre, les plus avancés d'entre eux mettront pied à terre et embarqueront sur des bateaux où eux-mêmes ne peuvent rien faire et où, de surcroît, il n'y aura pas place pour un équipage humain : c'est le souffle de Dieu qui gonflera les voiles pour les amener au Graal. C'est donc l'adieu aux armes.

L'aventure amoureuse disparaîtra tout autant, sauf sous forme de tentation à repousser, puisque ce qui est demandé aux quêteurs est une pensée uniquement tournée vers Dieu. Là encore, c'est tout un pan des récits courtois qui s'amuit.

### *Les quêtes des quêteurs*

Des cent cinquante, beaucoup ne rencontrent même pas d'aventures. Commodité littéraire certes, mais aussi façon de dire que si, en tant qu'individus, plusieurs chevaliers vont loin sur la voie du Graal, collectivement la Table Ronde échoue, de chevalerie *terrienne* qu'elle était, à devenir chevalerie *celestienne* (= spirituelle). Cela annonce le départ définitif du Graal de la Grande-Bretagne « parce qu'il n'y avait pas été assez honoré ».

D'autres sont rapidement mis hors de combat (par des blessures ou par la mort), découragés par la rareté des aventures ou les échecs qu'ils y connaissent. Certains renoncent avant même le délai habituel d'un an, avertis qu'il ne leur servirait à rien de poursuivre ou le comprenant d'eux-mêmes ; s'ils continuent, c'est en vain.

C'est le cas de quelques-uns des plus notables parmi les compagnons de la Table Ronde : Yvain (tué par Gauvain) ; Hector, le demi-frère de Lancelot, le miraculé du Graal avec Perceval que son état de péché mortel condamne à frapper en vain à la porte du château de Corbenyc ; Lionel, le cousin de Lancelot, qui, saisi d'une violence meurtrière voudra tuer son propre frère, Bohort, et n'en sera empêché, après avoir tué un chevalier, puis un ermite qui s'étaient interposés, que par une intervention divine ; Gauvain, le plus notable parce que le modèle des chevaliers terriens : il accumule les morts (au retour, il aura tué dix-sept compagnons de la Table Ronde) dans les rangs des quêteurs et se refuse à la conversion de vie à laquelle l'incite un ermite ; il sera blessé par Galaad avant de renoncer à poursuivre.

Quatre chevaliers seulement parcourront tout ou partie du chemin. Lancelot, marqué par son orgueil de meilleur chevalier du monde et par son adultère avec Guenièvre, ne pourra pas devenir le héros du Graal qu'il avait été appelé à être. Mais son repentir (il renonce à la reine et mène une vie ascétique de pénitent ; démonté de son cheval par une intervention divine, il s'en remet humblement à Dieu de le guider désormais) lui permettra de monter, en compagnie de Galaad, à bord d'une nef merveilleuse qui l'acheminera jusqu'à Corbenyc où, dans un état qui ne sera pas celui de la claire conscience, il aura longuement révélation d'une partie des secrets et des merveilles du Graal. Les trois autres (Bohort, Perceval, Galaad) n'ont jamais été susceptibles d'orgueil. Mais, si Bohort, de la même génération que Lancelot, a longuement vécu dans le monde de la cour, Perceval a très peu le temps de la connaître et Galaad n'y est passé que le temps de s'asseoir sur le Siège périlleux et de jurer la quête. l'auteur a illustré avec eux l'adage évangélique : « Les derniers seront les premiers » ; il les a voulus purs, le plus possible, de tout contact avec un univers auquel on pourrait appliquer l'adjectif de *corrumpu* qui, de longue date dans le *Lancelot*, avait désigné le héros-titre. À l'aune de la chasteté, Bohort n'est coupable que d'une faute vénielle : c'est sans vraiment l'avoir voulu qu'il a partagé le lit de la fille du roi Brangoire ; Perceval n'est plus « vierge de cœur » (d'*intention*, dit le texte) puisqu'au cours de la quête une jeune fille-diable a su le tenter et qu'il n'a dû qu'à une circonstance extérieure de ne pas succomber de fait ; seul, Galaad demeure vierge et chaste. Ces nuances dans l'ordre de la perfection fonderont leur accès plus ou moins intime aux révélations du Graal.

Avec Lancelot, Bohort et Perceval – l'infaillibilité de Galaad l'écartant de cette considération –, l'auteur présente aussi non tant des individus que des types spirituels. Lancelot est le pécheur de la commune espèce, pécheur endurci mais susceptible de se repentir et de se réconcilier avec Dieu. Bohort est le plus réfléchi des trois : il s'interroge jusqu'au scrupule sur ses actes et leurs motivations (agit-il par vertu ou afin d'être loué pour sa vertu ?) ; sa plus grave tentation sera celle du désespoir. Perceval, au contraire, qui a gardé, transposée dans l'ordre du spirituel, mais comme un trait de nature et non comme due à un manque d'éducation, sa *niceté* du *Conte du Graal*, vit par les sens et ses tentations seront celles de la chair, à tous les sens gourmands et sexuel du mot ; ses qualités seront la promptitude à se repentir, sa disponibilité aux messages divins.

Les soixante-dix dernières pages de la *Quête du Saint Graal* donneront peu de lignes à la mise à fin, par les trois élus, des aventures de Bretagne, en particulier de celles laissées en suspens au début du *Lancelot*. En revanche, elles seront largement consacrées aux progressives et diverses révélations du Graal : Histoire sainte de la relation de Dieu avec les hommes, de la création du monde au présent de la quête, mystères définissant la foi chrétienne, tout cela sera mis en roman, en images, en scènes – voir pour savoir –, mais tous ne verront pas exactement les mêmes choses, ni autant de choses. À la fin, Bohort, Perceval et Galaad rejoindront, au-delà de Jérusalem, la cité de Sarraz où le Graal s'est retiré et où, après un dernier temps d'épreuve, Galaad deviendra roi, avant, sur sa prière, de passer de la vie terrestre à la vie éternelle : la contemplation du Graal dévoilé ne peut s'effectuer autrement. Lui et Perceval devenu ermite consacrent donc leur fin de vie à Dieu et ne regagnent pas l'univers chevaleresque et courtois de la cour arthurienne. Seul, Bohort effectue ce retour : nécessité littéraire – il faut un témoin pour raconter la fin de l'histoire à ceux qui ne l'ont pas vécue ; c'est aussi celui des trois qui a été le plus imprégné de mondanité, même sans en être contaminé, qui y repart.

## ■ Le Graal et la *Mort du roi Arthur*

Dans le *Lancelot*, le royaume arthurien progresse d'un état initial encore très troublé à un état d'harmonie quasi trouvé : en particulier, l'usurpation politique sur laquelle s'ouvrait le récit (la perte par Lancelot, Lionel et Bohort de leurs terres patrimoniales) prend fin par la définitive restitution des deux royaumes de Benoÿc et de Gaunes à leurs héritiers légitimes, et on sait que les derniers fauteurs de « mauvaises coutumes » seront anéantis par le héros du Graal.

Mais, dès le début du récit également, on apprend que, contrairement à cette attente à la fois juste et justifiée, ce n'est pas sur l'image d'un royaume en paix qu'il s'achèvera. Dès le premier volume, des songes annoncent à Arthur que son royaume, divisé contre lui-même, périra ; dans la suite, les visions de Gauvain et de Bohort à Corbenyc réitèrent cette annonce. On comprend donc qu'au moment où les chevaliers de la Table Ronde se mettent en quête du Graal, le reste de la cour et son roi soient plus affligés qu'heureux ; à ceux qui lui parlent d'honneur, Arthur répond en parlant de morts. Il n'a pas tort – qu'on pense aux dix-sept chevaliers tués par Gauvain ! –, mais il ne pressent pas l'essentiel.

La présence proche du Graal, même non manifestée de façon obvie, soutenait le royaume. Son départ définitif abandonne les hommes à leurs seules forces, et on ne tarde pas à voir la différence. Le moins grave est le retour des ennemis de l'extérieur car les armées arthuriennes sont encore en état de leur faire face et elles le montreront. Le plus grave vient de l'intérieur. C'est d'abord un état de langueur et de dépérissement lié à la fin des aventures qui peut, donc, apparaître comme ambiguë. Ce sont surtout les divisions internes qui feront périr le royaume, selon l'adage biblique déjà cité. Les communautés solidaires d'élection (la Table Ronde, le royaume), constituées par un effort volontaire de bienveillance mutuelle, de préférence donnée à l'intérêt général sur les intérêts particuliers, vont éclater. Il n'y aura bientôt plus de solidarité que du clan et du sang : le roi Arthur sera plus l'oncle de Gauvain que le souverain de Logres ; les lignages de Benoÿc (Lancelot) et de Gaunes (Lionel, Bohort) s'opposeront à celui de Lot (le père de Gauvain) ; la haine dont il n'y avait entre eux que de minces traces deviendra le moteur évident et éminent des actions. Si les frères de Gauvain s'acharnent à prouver au roi l'adultère de Guenièvre et de Lancelot, ce n'est pas par souci moral et politique, mais parce que Lancelot appartient au clan adverse, et ils obtiendront d'Arthur qu'il mène les hostilités contre lui, prenant à son compte les intérêts d'une guerre privée. À la fin du roman, la Table Ronde divisée s'affrontera mortellement sur les champs de bataille, malgré les tentatives pacifiantes des plus lucides et des plus sages. Certes, l'usurpateur n'aura pas le dernier mot, mais le fils de l'inceste et son père, Mordret et Arthur s'entre-tueront. Il n'y aura plus ni Table Ronde, ni royaume arthurien.

Seuls des individus trouveront le salut dans le ciel : un Lancelot, retombé dans son péché avec Guenièvre sitôt de retour de la quête malgré sa promesse, avant d'accepter de renoncer définitivement à elle pour donner une chance à la paix du royaume ; un Gauvain, longtemps clanique fauteur de guerre, mais finalement repentant. Mais, sans l'appui du Graal (= de Dieu), il n'y a pas de concevable cité harmonieuse. Livrés à eux-mêmes, les hommes ne peuvent la fonder. Si le cycle montre l'échec du roi et celui des féodaux, il n'imagine pas une autre instance capable de la faire exister.

## 5 - AU CYCLE THÉÂTRAL CONTEMPORAIN : *GRAAL THÉÂTRE* FLORENCE DELAY ET JACQUES ROUBAUD (1977)

Les années 1970 cherchèrent à renouveler la notion de texte théâtral en adaptant pour la scène des œuvres qui n'avaient pas été écrites pour elle, voire qui semblaient peu prêter à cette transposition. On y aima aussi les longs spectacles qui cassaient la durée habituellement impartie à la représentation. Le *Graal Théâtre* de Florence Delay et (surtout) Jacques Roubaud est né de cette double aspiration… qu'il satisfaisait pleinement.

Trois séances de quatre heures ou une nuit de douze, sans égaler les *Mystères de la Passion* du XVᵉ siècle qui se jouaient plusieurs jours durant à raison de deux représentations quotidiennes de trois ou quatre heures, il y avait de quoi immerger le spectateur dans un univers où le temps n'était plus celui de sa vie.

Quant au texte, dont une partie seulement est disponible sous l'intitulé *Graal Théâtre*, au contraire des entreprises de Wagner et de Gracq qui, en dramaturges traditionnels, resserraient le plus possible l'action de leurs sources romanesques médiévales, il tendait à rien moins qu'à présenter un panorama de toute la littérature du Graal… et même au-delà. Les deux adaptateurs y mettaient en effet en scène trois romans de Chrétien de Troyes (le *Chevalier au lion*, le *Chevalier de la charrette*, le *Conte du Graal*), deux des suites dues à ses continuateurs, l'ensemble du cycle du *Lancelot-Graal* auquel s'ajoutaient d'autres versions de l'histoire de Perceval et au moins un roman anglais (*Gauvain et le chevalier vert*). Si le terme *conjointure* a trouvé un juste emploi, c'est bien pour cette entreprise de « couture »: de nombreuses scènes, plus ou moins longues, sont transcrites des textes-sources, parfois très fidèlement traduites, parfois ironiquement modernisées (langage contemporain et familier, référence à des faits d'actualité – menue monnaie d'une provocation légère, bien dans l'air du temps, et façon de donner à entendre sans mal une histoire pourtant si étrangère). Ces différentes pièces sont assemblées de manière à établir une chronologie de l'histoire dont le spectateur ne peut, en même temps, être dupe puisque certaines scènes, jugées plus importantes par les auteurs, sont rejouées à plusieurs moments du spectacle, prenant des sens différents d'être insérées dans des séquences diverses.

C'était à la fois très gai et très savant. Le spectacle devait beaucoup aux costumes, au jeu des acteurs, volontairement éloigné de la tradition réaliste des comédiens d'alors ; ce fut un grand succès de public, contrairement à ce que l'aspect fou de l'entreprise pouvait faire craindre. Quant à l'adaptation des textes médiévaux, les lectures la fondant supposent, en amont, un temps d'enquête et de *translatio* qui justifie que, sans doute comme pour ce long *Lancelot* dont ils se sont entre autres servis, deux auteurs – deux têtes et deux plumes – aient été nécessaires. À nouvelle *conjointure*, nouveau *san*. Les centres d'intérêt – et de non intérêt – de Florence Delay et Jacques Roubaud sont ceux de leur temps et, comme il passe vite, il faut rappeler que le leur s'inscrivait dans la mouvance de 1968. On y prenait ses distances avec le religieux, surtout institutionnel ; aussi, tout ce qui touchait à la quête d'un graal chrétien n'a guère été représenté avec sympathie : en témoignent un Galaad en robot éblouissant qui parle comme un ordinateur et ce moine prêchant la quête du Graal avant l'heure, qui a beaucoup d'un inquisiteur et peu du doux oncle de Perceval (*Conte du Graal*), voire des plus austères ermites de la *Quête du Saint Graal*. On y faisait l'amour (pas la guerre) ; les scènes de Lancelot avec Guenièvre, de Perceval avec Blanchefleur ont droit à un traitement de faveur ; de ténus personnages, pour peu qu'ils participent de ce registre, sont mis en valeur : la cousine de Perceval explique joliment quel sens donner à sa volonté de rester auprès de son ami mort : « Je ne reste pas avec la mort, je reste avec l'amour ». On s'y intéressait passionnément à la politique et à l'idéologie politique ; les auteurs font un sort attendu à la scène du *Chevalier au lion* où des tisseuses de soie se lamentent sur leur dure condition – on y a vu trace de la connaissance que Chrétien de Troyes pouvait avoir des grands ateliers de textile flamands en plein essor à la fin du XIIe siècle – du coup, canuts lyonnais du XIXe siècle, voire prolétaires du XXe y apparaissent en filigrane ; de récurrentes allusions à l'idéologie de tel ou tel personnage, heureusement faites avec beaucoup d'ironie décalée parsèment les dialogues… il y avait sans doute plus et mieux à tirer des romans médiévaux en la matière : le *Lancelot-Graal* est aussi une réflexion sur la mortalité des civilisations et sur l'exercice du pouvoir. En bref, un texte écrit pour la représentation, non pour la lecture et qui, pourtant, la supporte fort bien, même trente ans plus tard.

## 6 - QUELQUES FILMS

Dans l'histoire littéraire française, la littérature médiévale a été occultée à partir du XVIe siècle qui a dénié tout intérêt à ses devanciers pour se réclamer, ainsi que les siècles suivants, d'une plus lointaine tradition gréco-latine. Au XIXe siècle, notre redécouverte du Moyen Âge a plus porté son intérêt vers le patrimoine architectural et historique que littéraire. Jusqu'à une date toute récente, l'absence de traductions réservait à un public de spécialistes la lecture de nos anciens textes. Aujourd'hui encore, que de millions de visiteurs pour le Mont Saint-Michel, la cité de Carcassonne ou Notre-Dame de Paris, et combien peu de lecteurs pour les romans de Chrétien de Troyes, la *chanson de Roland* et même *Tristan et Iseut* ! Ce n'est pas un hasard si, concernant Perceval et le Graal, le seul film français notable est le savant et esthétisant *Perceval le Gallois* d'Eric Rohmer qui fut professeur de français avant de se tourner vers le cinéma.

### *Perceval le Gallois*

Éric Rohmer, France, 1979. Scénario d'Éric Rohmer d'après Chrétien de Troyes ; Fabrice Luchini

(Perceval), André Dussolier (Gauvain), Arielle Dombasle (Blanchefleur)...

Rohmer ne filme pas les aventures de Perceval, mais plutôt une lecture du roman de Chrétien de Troyes. Une voix off fait office de récitant, scandant les octosyllabes à peine modernisés. Les éléments du décor ne sont pas ceux d'un paysage, mais ceux de sa représentation peinte ou sculptée : les arbres, par exemple, sont ceux, stylisés des vitraux ou des enluminures de l'époque. La fin, imaginée par le scénariste, s'appuie sur le contenu christologique des enseignements de l'ermite : la méditation du héros sur la mort du Christ revêt l'aspect d'une mise en scène théâtrale de la Passion dans laquelle Perceval se voit lui-même sur la croix, appelé à cette *imitatio Christi* (= imitation du Christ) qui sera un des axes de la spiritualité du XIIIe siècle.

En revanche, les Anglais et leurs descendants américains ont vite retrouvé un contact plus familier avec leur littérature ancienne qu'ils avaient, d'ailleurs, plus que nous gardé (il n'est que de penser à certaines pièces de Shakespeare ou opéras de Purcell). *Le Morte d'Artur* de Thomas Malory (*La Mort d'Arthur*), vaste compilation anglaise du XIVe siècle qui, à partir de textes majoritairement français, recrée une « vulgate » de la matière arthurienne, est traduite, adaptée pour tous publics, y compris à l'usage des enfants, au prix, certes, de toutes les simplifications qu'on imagine ; mais elle est une source que tous connaissent, même s'ils n'en identifient pas l'origine, et qu'ils exploitent avec une liberté très médiévale.

### *Les Chevaliers de la Table Ronde*

Richard Thorpe, États-Unis, 1953. Scénario d'après Thomas Malory ; Ava Gardner (Guenièvre), Mel Ferrer (le roi Arthur), Robert Taylor (Lancelot)...

La pruderie du code Hayes, alors en vigueur aux États-Unis, fait que l'amour de la reine et de Lancelot doit rester platonique (pas d'adultère !) et que Lancelot doit se marier pour pouvoir engendrer Galaad (pas de relations sexuelles hors mariage et encore moins d'enfants illégitimes !). Mais Ava Gardner, aussi flamboyante en Guenièvre que les couleurs en technicolor des paysages, les batailles (spectaculairement bien réglées) et le souffle à la fois épique et romanesque qui anime l'ensemble en font un toujours grand film d'aventures et d'amour.

### *Monty Python and the Holy Grail*

Même les humoristes s'en mêlent avec le burlesque – et savant – *Monty Python and the Holy Grail* (approximativement rendu par : *Monty Python – Sacré Graal*) de Terry Gilliam, Royaume-Uni, 1974. Scénario de Terry Gilliam et des autres membres du groupe qui jouent aussi les principaux rôles.

Aussi jouissif qu'inracontable. Collégiens et professeurs y rient également, pas toujours aux mêmes moments ni pour les mêmes raisons. Chaque spectateur a son anthologie de ses scènes préférées. Tous s'accordent pour penser qu'il faut enregistrer le générique pour se le passer en boucle. C'est sûrement ce que font les projectionnistes car c'est toujours la partie de la pellicule qui est la plus usée quand on voit le film en salle.

### *Indiana Jones et la dernière croisade*

Steven Spielberg, États-Unis, 1989. Scénario de George Lucas ; Harrison Ford (le fils), Sean Connery (le père).

Cette croisade est en fait une quête du Graal bondissante en forme de jeu de piste où l'on retrouve les inscriptions obscures qui guidaient de façon peu évidente les quêteurs du Graal du XIIIe siècle. Quête à rebours : le Graal est resté en Orient, et finalement, il faudra non l'emporter, mais y renoncer. On a une lutte du Bien contre le Mal (les savants contre ceux qui brûlent les livres ; ceux qui sont en quête de savoir contre ceux qui sont à la conquête du pouvoir ; ceux qui cherchent à guérir contre ceux qui tuent). Si les nazis y incarnent les champions du Mal, c'est que dans un film dont l'action se situe au XXe siècle, ils sont bien dans le rôle ; c'est aussi qu'Hitler avait cru un imprudent chercheur qui prétendait avoir localisé le Graal dans le sud-ouest de la France et qu'il l'avait chargé de mission pour l'exhumer. Le Graal est une modeste coupe de terre que tous les assoiffés de prestige et de richesse dédaignent au milieu d'un étalage de somptueuses pièces d'orfèvrerie : de nos jours comme au Moyen Âge, il y a loin de l'apparence à l'être. Enfin, la quête du Graal se double d'une parallèle quête de ce père qu'un bon fils se doit, à la fois, de sauver et de tuer (psychanalytiquement s'entend).

# 5

# REPÈRES BIBLIOGRAPHIQUES

## 1 - TEXTES

### ▪ Textes du Moyen Âge

Chrétien de Troyes, *Romans*, Le Livre de Poche, coll. « La Pochothèque », Paris, 1994. (Ce volume rassemble tous les romans de Chrétien de Troyes en édition bilingue).

*Lancelot*

• Une édition bilingue est en cours de publication (5 vol. parus), Livre de Poche, coll. « Lettres gothiques ».

• Des extraits ont été publiés (trad. Alexandre Micha), 2 vol., UGE, coll. « 10/18 », Paris, 2e éd., 1992.

*La Quête du Saint Graal*, trad. Emmanuèle Baumgartner, Champion, Paris, 1979.

*La Mort du roi Arthur*, trad. Marie-Louise Ollier, UGE, « coll. 10/18 », Paris, 1992.

L'ensemble du cycle du *Lancelot-Graal* est en cours de publication, en édition bilingue, Gallimard, la « Bibliothèque de la Pléiade », 1 vol. paru.

WOLFRAM VON ESCHENBACH, *Parzival*, trad. Danielle Buschinger et al., Presses de l'Université de Picardie, Amiens, 2000.

## ■ Textes modernes

DELAY Florence et ROUBAUD Jacques, *Graal Théâtre*, Gallimard, Paris, 1977.

GRACQ Julien, *Le Roi Pêcheur*, José Corti, Paris, 1948.

WAGNER Richard, *Parsifal*: voir *Livrets* d'opéra (éd. bilingue) p. Alain Pâris, t. 2, Robert Laffont, coll. « Bouquins », Paris, 1991.

# 2 - ÉTUDES

## ■ Ouvrages généraux

CASAGRANDE Carla et VECCHIO Silvana, *Les Péchés de la langue*, Paris, Cerf, 1991.

ZINK Michel, *Littérature française du Moyen Âge*, PUF, 1992.

## ■ Chrétien de Troyes et le Graal

Chrétien de Troyes et le Graal ont suscité livres et articles par centaines. Nous nous contenterons d'indiquer quelques ouvrages faciles d'accès et qui nous ont servi pour établir le texte de cette étude.

CHÊNERIE Marie-Luce, *Le Chevalier errant dans les romans arthuriens en vers des XII^e^ et XIII^e^ siècles*, Droz, Genève, 1986.

FRAPPIER Jean, *Chrétien de Troyes*, Hatier, coll. « Connaissance des Lettres », Paris, 1971.

FRAPPIER Jean, *Chrétien de Troyes et le mythe du Graal*, SEDES, Paris, 1972.

LE RIDER Paule, *Le Chevalier dans le* Conte du Graal *de Chrétien de Troyes*, SEDES, Paris, 1996.

*Aubin Imprimeur*
LIGUGÉ, POITIERS

Achevé d'imprimer en août 2003
N° d'impression P 65561
Dépôt légal août 2003
701 0100 / 01
Imprimé en France